会社別就活ハンドブックシリーズ

2025

富士ソフトの
就活ハンドブック

就職活動研究会 編
JOB HUNTING BOOK

は じ め に

　2021年春の採用から，1953年以来続いてきた，経団連（日本経済団体連合会）の加盟企業を中心にした「就活に関するさまざまな規定事項」の規定が，事実上廃止されました。それまで卒業・修了年度に入る直前の3月以降になり，面接などの選考は6月であったものが，学生と企業の双方が活動を本格化させる時期が大幅にはやまることになりました。この動きは2022年春そして2023年春へと続いております。

　また新型コロナウイルス感染者の増加を受け，新卒採用の活動に対してオンラインによる説明会や選考を導入した企業が急速に増加しました。採用環境が大きく変化したことにより，どのような場面でも対応できる柔軟性，また非接触による仕事の増加により，傾聴力というものが新たに求められるようになりました。

　『会社別就職ハンドブックシリーズ』は，いわゆる「就活生向け人気企業ランキング」を中心に，当社が独自にセレクトした上場している一流・優良企業の就活対策本です。面接で聞かれた質問にはじまり，業界の最新情報，さらには上場企業の株主向け公開情報である有価証券報告書の分析など，企業の多角的な判断・研究材料をふんだんに盛り込みました。加えて，地方の優良といわれている企業もラインナップしています。

　思い込みや憧れだけをもってやみくもに受けるのではなく，必要な情報を収集し，冷静に対象企業を分析し，エントリーシート作成やそれに続く面接試験に臨んでいただければと思います。本書が，その一助となれば幸いです。

　この本を手に取られた方が，志望企業の内定を得て，輝かしい社会人生活のスタートを切っていただけるよう，心より祈念いたします。

就職活動研究会

Contents

第1章

富士ソフトの会社概況

会社によって選考方法は千差万別。面接で問われる内容や採用スケジュールもバラバラだ。採用試験ひとつとってみても，その会社の社風が表れていると言っていいだろう。ここでは募集要項や面接内容について過去の事例を収録している。

また，志望する会社を数字の面からも多角的に研究することを心がけたい。

✔ メッセージ

イノベーション企業グループへの挑戦と創造

**お客様に安全と利益
そして新たな技術と付加価値を**

1970年に創業した富士ソフトは、独立系ITソリューションベンダーとして、自動車や電子機器等の組込系ソフトウェア開発と、金融、製造、流通等における業務系システムの構築の2本柱を主力事業に、プロダクト事業やアウトソーシング事業、グローバル展開など、常に新しい技術トレンドを取り入れ、時代の要請に応えてまいりました。

また、これまでの取り組みに加え、現在、当社が重点技術と位置づける「AI、IoT、セキュリティ、クラウド、ロボット、モバイル・オートモーティブ」での先端的な取り組みを「AIS-CRM（アイスクリーム）」として注力し、先端技術を使いこなす高度な人財育成を進める一方、社会的な課題となっている今後のIT人材不足に対しても、若手人材を採用し、しっかりした企業教育と仕事の場を通して、事業の発展とともに、弛まぬ人財づくりに努めております。

社会変化のスピードが速まり、時代の潮目が大きく変わろうとする現在、お客様に安心と利益、そして新たな技術と付加価値をご提供すると共に、ICTの専門プロ集団として、社是である「挑戦と創造」を続け、中期方針である「ICTの発展をお客様価値向上に結びつけるイノベーション企業グループ」を目指してまいります。

代表取締役 社長執行役員
坂下　智保

✔ 会社データ

本社所在地	〒231-8008　神奈川県横浜市中区桜木町1-1
設立	1970年（昭和45年）5月15日
代表者	代表取締役　社長執行役員　坂下　智保
資本金	262億28万円
売上高	単体：1,922億71百万円（2022年12月期） 連結：2,787億83百万円（2022年12月期）
従業員数	単体：9,507名（2023年9月末現在） 連結：17,686名（2023年9月末現在）

✔ 仕事内容

技術職

システムエンジニア

お客様のニーズに応じて要件定義・システム設計書の作成、プログラミング〜テスト作業、それに関わるミーティングや書類作成等などの業務や、社内での開発業務だけではなく、お客様先でのシステム開発や運用等も行っていただきます。

インフラ（ネットワークエンジニア）

お客様のニーズに応じてサーバー設計・提案・構築・検証・運用・監視、それに関るミーティングや書類作成等の業務や、社内での業務だけでなく、お客様先でのサーバー構築や導入、運用等も行っていただきます。

ハードウェアエンジニア

お客様のニーズに応じてシステム要件定義し、基板回路設計、LSI・FPGA向け論理回路設計から検証作業、それに関わるミーティングや書類作成等の業務や、基板製造ベンダーの管理など、社内での開発業務だけではなく、お客様先でのシステム開発や検証等も行っていただきます。

システムデザイン

お客様へ納品するデジタルシステムの UX/UI デザインから、デザイン思考を活用したビジネスサービスの企画（サービスデザイン）まで、デザインのあらゆる領域にチャレンジすることが可能です。
"たのしく・かんたん・きれい"をリードするたかきデザインオフィスは、デザインの可能性に挑戦し、ビジネスの在り方、社会の未来を変える取り組みを進めています。

営業職

アカウント営業／ソリューション営業

お客様の事業や経営における課題や改善点をヒアリングし、当社の技術を用いた解決策をプランニングし、提案書や企画書の作成、価格交渉、契約書作成〜締結、契約後はお客様との事前調整、エンジニアのアサイン、プロジェクトの進捗管理、導入後のフォローとお客様とエンジニアを結ぶ架け橋となっていただきます。

管理職

管理系部門スタッフ

会社の業務が円滑に進むよう、裏方で支える職種となります。経理・総務・人事・各現場の管理系部門等の職種です。

✔ 募集要項

募集職種	■技術 システムエンジニア（SE）／インフラ（ネットワーク） エンジニア／ハードウェアエンジニア ■システムデザイン UI/UXデザイナー・ディレクター、サービスデザイナー ■営業 アカウント営業／ソリューション営業 ■管理 管理系部門スタッフ
初任給	大学院（博士）：月給269,000円 大学院（修士）：月給253,000円 大学・高専専攻科・高度専門士・専修4年： 月給235,000円 専修3年：月給232,000円 高専本科・短大・職短・専修2年：月給229,000円 ※健康増進奨励金1,000円を含む（支給条件に応じて支給） ※上記金額は2024年4月入社者の予定額となります
諸手当	超過勤務手当、通勤交通費（全額）、スペシャリスト（認定給）制度、資格手当、在宅勤務支援金 他 ※資格手当は、所有資格により月給に加算して支給
昇給	年1回：1月
賞与	年2回：4月・10月
勤務時間	標準労働時間帯　9:00〜17:30 完全フレックスタイム制：7時間30分／日 休憩時間60分　所定時間外労働 あり
休日休暇	完全週休2日制（土・日曜日）、祝日、夏期休暇、年末年始休暇、有給休暇（初年度10日、最高20日）、慶弔・特別休暇、長期休暇　他 年間休日120日以上

福利厚生	社会保険（健康保険、厚生年金保険、雇用保険、労災保険） ※自社健康保険組合あり 制度／育児休業、介護休業、時間短縮勤務、在宅勤務、長期休暇、確定拠出年金、財形貯蓄、貸付金、社員表彰、健康相談ダイヤル、退職金　他 施設／社宅・寮、保養所、提携施設との割引サービス等　他
勤務地	本社：神奈川県横浜市 北海道・関東・東海・近畿・中国・九州　全国37拠点 （2023年12月1日現在）

✔ 採用の流れ　(出典：東洋経済新報社『就職四季報』)

エントリーの時期	【総】12〜7月　【技】12月〜継続中
採用プロセス	【総・技】説明会（必須）・ES提出→SPI→1次（GD・グループ面接）→最終面接→内々定
採用実績数	

	大卒男	大卒女	修士男	修士女
2022年	412 （文：226 理：186）	164 （文：133 理：31）	50 （文：9 理：41）	19 （文：17 理：2）
2023年	448 （文：238 理：210）	169 （文：139 理：30）	36 （文：3 理：33）	10 （文：4 理：6）

※2024年：修士・大卒700名，高専・短大・専門100名採用予定

採用実績校	【文系】 （大学院）大阪公立大学，上智大学，神奈川大学，早稲田大学，東京工科大学，立命館大学 （大学）日本大学，東洋大学，関西大学，中央大学，法政大学，立命館大学，産業能率大学，神奈川大学，専修大学，近畿大学，国士舘大学，大東文化大学　他 【理系】 （大学院）電気通信大学，佐賀大学，神奈川工科大学，神奈川大学，長岡技術科学大学，電気通信大学 （大学）日本大学，千葉工業大学，近畿大学，工学院大学，福岡工業大学，神奈川工科大学，大阪工業大学，東京理科大学，東洋大学，龍谷大学　他

✔ 就活生情報

オンラインを駆使して，就活生にあまり負担をかけ
ずに選考が行われました

システムエンジニア 2023卒

エントリーシート
・形式：採用ホームページから記入
・内容：趣味・特技，自己PR，富士ソフトへの志望理由，富士ソフトへ入社後
やりたいこと，学業，ゼミ，研究室などで取り組んだこと

セミナー
・選考とは無関係
・服装： 全くの普段着
・内容：業界説明，企業紹介，今後の選考情報など

筆記試験
・形式：Webテスト
・科目： 数学，算数／国語，漢字／性格テスト

面接（個人・集団）
・雰囲気：普通
・回数：2回
・質問内容：自己紹介，学生時代頑張ったこと，自己PR，チームで成し遂げた
経験，短所，そのエピソード，改善策

内定
・拘束や指示：々定の承諾期限以外は特になし
・通知方法：採用HPのマイページ
・タイミング：予定より早い

▶ その他受験者からのアドバイス
・企業を知ろう・企業を好きになろうとする準備をしっかりやって，面接で
自身を最大限発揮できるように面接経験の積み重ねが大事
・面接官との言葉のキャッチボールや反応・表情を意識する

大変なことも多いと思いますが，しっかりと努力していればいずれ結果は付いてきます。

営業職 2022卒

エントリーシート

・形式：採用ホームページから記入
・内容：ガクチカや自己PRなど基本的なこと

セミナー

・選考とは無関係
・服装：全くの普段着
・内容：採用マイページ上に動画が用意されているので，それを見るという形式

筆記試験

・形式：Webテスト
・科目：数学，算数／国語，漢字／性格テスト

面接（個人・集団）

・雰囲気：和やか
・回数：2回
・質問内容：一次がGDの後に集団面接，二次が個人面接。集団面接ではESに書かれたことについて聞かれた

内定

・拘束や指示：1ヶ月ほど承諾までに期間があった
・通知方法：電話
・タイミング：予定より早い

● その他受験者からのアドバイス

・合格すると通知の際に採用面接のフィードバックしてくれる。かなりプラスのことを言ってくれるので自己肯定感が少し上がる。

✔ 有価証券報告書の読み方

01 部分的に読み解くことからスタートしよう

「有価証券報告書（以下，有報）」という名前を聞いたことがある人も少なくはないだろう。しかし，実際に中身を見たことがある人は決して多くはないのではないだろうか。有報とは上場企業が年に1度作成する，企業内容に関する開示資料のことをいう。開示項目には決算情報や事業内容について，従業員の状況等について記載されており，誰でも自由に見ることができる。

一般的に有報は，証券会社や銀行の職員，または投資家などがこれを読み込み，その後の戦略を立てるのに活用しているイメージだろう。その認識は間違いではないが，だからといって就活に役に立たないというわけではない。就活を有利に進める上で，お得な情報がふんだんに含まれているのだ。ではどの部分が役に立つのか，実際に解説していく。

■有価証券報告書の開示内容

では実際に，有報の開示内容を見てみよう。

有価証券報告書の開示内容
第一部【企業情報】
第1　【企業の概況】
第2　【事業の状況】
第3　【設備の状況】
第4　【提出会社の状況】
第5　【経理の状況】
第6　【提出会社の株式事務の概要】
第7　【提出会社の状参考情報】
第二部【提出会社の保証会社等の情報】
第1　【保証会社情報】
第2　【保証会社以外の会社の情報】
第3　【指数等の情報】

有報は記載項目が統一されているため，どの会社に関しても同じ内容で書かれている。このうち就活において必要な情報が記載されているのは，第一部の第1【企業の概況】～第5【経理の状況】まで，それ以降は無視してしまってかまわない。

02 企業の概況の注目ポイント

第1【企業の概況】には役立つ情報が満載。そんな中，最初に注目したいのは，冒頭に記載されている【主要な経営指標等の推移】の表だ。

回次		第25期	第26期	第27期	第28期	第29期
決算年月		平成24年3月	平成25年3月	平成26年3月	平成27年3月	平成28年3月
営業収益	（百万円）	2,532,173	2,671,822	2,702,916	2,756,165	2,867,199
経常利益	（百万円）	272,182	317,487	332,518	361,977	428,902
親会社株主に帰属する当期純利益	（百万円）	108,737	175,384	199,939	180,397	245,309
包括利益	（百万円）	109,304	197,739	214,632	229,292	217,419
純資産額	（百万円）	1,890,633	2,048,192	2,199,357	2,304,976	2,462,537
総資産額	（百万円）	7,060,409	7,223,204	7,428,303	7,605,690	7,789,762
1株当たり純資産額	（円）	4,738.51	5,135.76	5,529.40	5,818.19	6,232.40
1株当たり当期純利益	（円）	274.89	443.70	506.77	458.95	625.82
潜在株式調整後1株当たり当期純利益	（円）	—	—	—	—	—
自己資本比率	（%）	26.5	28.1	29.4	30.1	31.4
自己資本利益率	（%）	5.9	9.0	9.5	8.1	10.4
株価収益率	（倍）	19.0	17.4	15.0	21.0	15.5
営業活動によるキャッシュ・フロー	（百万円）	558,650	588,529	562,763	622,762	673,109
投資活動によるキャッシュ・フロー	（百万円）	△370,684	△465,951	△474,697	△476,844	△499,575
財務活動によるキャッシュ・フロー	（百万円）	△152,428	△101,151	△91,367	△86,636	△110,265
現金及び現金同等物の期末残高	（百万円）	167,525	189,262	186,057	245,170	307,809
従業員数 [ほか，臨時従業員数]	（人）	71,729 [27,746]	73,017 [27,312]	73,551 [27,736]	73,329 [27,313]	73,053 [26,147]

見慣れない単語が続くが，そう難しく考える必要はない。特に注意してほしいのが，**営業収益**，**経常利益**の二つ。営業収益とはいわゆる**総売上額**のことであり，これが企業の本業を指す。その営業収益から営業費用（営業費（販売費＋一般管理費）＋売上原価）を差し引いたものが**営業利益**となる。会社の業種はなんであれ，モノを顧客に販売した合計値が営業収益であり，その営業収益から人件費や家賃，広告宣伝費などを差し引いたものが営業利益と覚えておこう。対して経常利益は営業利益から本業以外の損益を差し引いたもの。いわゆる金利による収益や不動産収入などがこれにあたり，本業以外でその会社がどの程度の力をもっているかをはかる絶好の指標となる。

■会社のアウトラインを知れる情報が続く。

　この主要な経営指標の推移の表につづいて、「会社の沿革」、「事業の内容」、「関係会社の状況」「従業員の状況」などが記載されている。自分が試験を受ける企業のことを、より深く知っておくにこしたことはない。会社がどのように発展してきたのか、主としている事業はどのようなものがあるのか、従業員数や平均年齢はどれくらいなのか、志望動機などを作成する際に役立ててほしい。

03 事業の状況の注目ポイント

　第2となる【事業の状況】において、最重要となるのは**業績等の概要**といえる。ここでは1年間における収益の増減の理由が文章で記載されている。「○○という商品が好調に推移したため、売上高は△△になりました」といった情報が、比較的易しい文章で書かれている。もちろん、損失が出た場合に関しても包み隠さず記載してあるので、その会社の1年間の動向を知るための格好の資料となる。

　また、業績については各事業ごとに細かく別れて記載してある。例えば鉄道会社ならば、①運輸業、②駅スペース活用事業、③ショッピング・オフィス事業、④その他といった具合だ。**どのサービス・商品がどの程度の売上を出したのか**、会社の持つ展望として、今後**どの事業をより活性化**していくつもりなのか、などを意識しながら読み進めるとよいだろう。

■「対処すべき課題」と「事業等のリスク」

　業績等の概要と同様に重要となるのが、「**対処すべき課題**」と「**事業等のリスク**」の2項目といえる。ここで読み解きたいのは、その会社の**今後の伸びしろ**について。いま、会社はどのような状況にあって、どのような課題を抱えているのか。また、その課題に対して取られている対策の具体的な内容などから経営方針などを読み解くことができる。リスクに関しては法改正や安全面、他の企業の参入状況など、会社にとって決してプラスとは言えない情報もつつみ隠さず記載してある。客観的にその会社を再評価する意味でも、ぜひ目を通していただきたい。

　次代を担う就活生にとって、ここの情報はアピールポイントとして組み立てやすい。「新事業の○○の発展に際して……」、「御社が抱える●●というリスクに対して……」などという発言を面接時にできれば、面接官の心証も変わってくるはずだ。

最後に注目したいのが，第5【経理の状況】だ。ここでは，簡単にいえば【主要な経営指標等の推移】の表をより細分化した表が多く記載されている。ここの情報をすべて理解するのは，簿記の知識がないと難しい。しかし，そういった知識があまりなくても，読み解ける情報は数多くある。例えば**損益計算書**などがそれに当たる。

連結損益計算書

(単位：百万円)

	前連結会計年度 (自 平成26年4月1日 至 平成27年3月31日)	当連結会計年度 (自 平成27年4月1日 至 平成28年3月31日)
営業収益	2,756,165	2,867,199
営業費		
運輸業等営業費及び売上原価	1,806,181	1,841,025
販売費及び一般管理費	※1 522,462	※1 538,352
営業費合計	2,328,643	2,379,378
営業利益	427,521	487,821
営業外収益		
受取利息	152	214
受取配当金	3,602	3,703
物品売却益	1,438	998
受取保険金及び配当金	8,203	10,067
持分法による投資利益	3,134	2,565
雑収入	4,326	4,067
営業外収益合計	20,858	21,616
営業外費用		
支払利息	81,961	76,332
物品売却損	350	294
雑支出	4,090	3,908
営業外費用合計	86,403	80,535
経常利益	361,977	428,902
特別利益		
固定資産売却益	※4 1,211	※4 838
工事負担金等受入額	※5 59,205	※5 24,487
投資有価証券売却益	1,269	4,473
その他	5,016	6,921
特別利益合計	66,703	36,721
特別損失		
固定資産売却損	※6 2,088	※6 1,102
固定資産除却損	※7 3,957	※7 5,105
工事負担金等圧縮額	※8 54,253	※8 18,346
減損損失	※9 12,738	※9 12,297
耐震補強重点対策関連費用	8,906	10,288
災害損失引当金繰入額	1,306	25,085
その他	30,128	8,537
特別損失合計	113,379	80,763
税金等調整前当期純利益	315,300	384,860
法人税，住民税及び事業税	107,540	128,972
法人税等調整額	26,202	9,326
法人税等合計	133,742	138,298
当期純利益	181,558	246,561
非支配株主に帰属する当期純利益	1,160	1,251
親会社株主に帰属する当期純利益	180,397	245,309

　主要な経営指標等の推移で記載されていた**経常利益**の算出する上で必要な営業外収益などについて，詳細に記載されているので，一度目を通しておこう。

　いよいよ次ページからは実際の有報が記載されている。ここで得た情報をもとに有報を確実に読み解き，就職活動を有利に進めよう。

✔ 有価証券報告書

企業の概況

1 主要な経営指標等の推移

(1) 連結経営指標等 ··

回次		第49期	第50期	第51期	第52期	第53期
決算年月		2018年12月	2019年12月	2020年12月	2021年12月	2022年12月
売上高	(百万円)	204,329	231,074	240,953	257,891	278,783
経常利益	(百万円)	12,071	13,749	16,343	17,976	19,205
親会社株主に帰属する当期純利益	(百万円)	6,516	7,836	8,573	9,130	11,379
包括利益	(百万円)	3,343	8,827	10,319	9,700	13,939
純資産額	(百万円)	119,670	126,820	135,163	142,968	152,744
総資産額	(百万円)	192,625	207,618	234,537	228,915	240,835
1株当たり純資産額	(円)	3,391.15	3,587.27	3,802.16	3,988.35	4,267.88
1株当たり当期純利益	(円)	208.22	250.40	273.96	291.47	362.57
潜在株式調整後1株当たり当期純利益	(円)	207.71	—	—	291.18	362.15
自己資本比率	(%)	55.1	54.1	50.7	54.6	55.7
自己資本利益率	(%)	6.2	7.2	7.4	7.5	8.8
株価収益率	(倍)	20.03	16.85	18.83	19.04	20.85
営業活動によるキャッシュ・フロー	(百万円)	11,192	12,584	14,787	15,907	13,519
投資活動によるキャッシュ・フロー	(百万円)	△23,424	△9,442	△16,109	4,894	△15,522
財務活動によるキャッシュ・フロー	(百万円)	14,766	△1,451	12,703	△17,871	△5,911
現金及び現金同等物の期末残高	(百万円)	24,587	26,158	37,450	40,876	33,086
従業員数 (うち、平均臨時雇用人員)	(名)	14,910 (3,996)	14,174 (2,520)	14,422 (2,297)	14,956 (2,564)	17,082 (4,101)

(注) 1 第50期及び第51期の潜在株式調整後1株当たり当期純利益については，ストックオプション制度を
採用しておりますが，調整計算の結果，1株当たり当期純利益が減少しないため，記載しておりま
せん。

2 「収益認識に関する会計基準」（企業会計基準第29号 2020年3月31日）等を第53期の期首から適用
しており，第53期に係る主要な経営指標等については，当該会計基準等を適用した後の指標等となっ

(point) 主要な経営指標等の推移

数年分の経営指標の推移がコンパクトにまとめられている。見るべき箇所は連結の売
上，利益，株主資本比率の3つ。売上と利益は順調に右肩上がりに伸びているか，逆
に利益で赤字が続いていたりしないかをチェックする。株主資本比率が高いとリーマ
ンショックなど景気が悪化したときなどでも経営が傾かないという安心感がある。

ております。

（2） 提出会社の経営指標等 ···

回次		第49期	第50期	第51期	第52期	第53期
決算年月		2018年12月	2019年12月	2020年12月	2021年12月	2022年12月
売上高	（百万円）	130,646	150,082	164,094	175,680	192,271
経常利益	（百万円）	7,918	8,486	10,233	11,353	13,512
当期純利益	（百万円）	6,094	7,035	6,932	9,433	9,818
資本金	（百万円）	26,200	26,200	26,200	26,200	26,200
発行済株式総数	（株）	33,700,000	33,700,000	33,700,000	33,700,000	33,700,000
純資産額	（百万円）	95,258	100,704	106,175	112,016	119,178
総資産額	（百万円）	154,351	166,661	190,298	182,506	183,674
1株当たり純資産額	（円）	3,043.91	3,215.81	3,387.80	3,568.83	3,789.38
1株当たり配当額	（円）	37	42	51	52	127
（1株当たり中間配当額）	（円）	(18)	(20)	(28)	(26)	(54)
1株当たり当期純利益	（円）	194.75	224.80	221.54	301.14	312.84
潜在株式調整後1株当たり当期純利益	（円）	－	－	－	300.85	312.48
自己資本比率	（％）	61.7	60.4	55.7	61.3	64.8
自己資本利益率	（％）	6.5	7.2	6.7	8.7	8.5
株価収益率	（倍）	21.41	18.77	23.29	18.43	24.17
配当性向	（％）	19.0	18.7	23.0	17.3	40.6
従業員数	（名）	7,134	7,840	8,163	8,508	8,991
株主総利回り	（％）	116.2	118.8	146.1	158.3	216.9
（比較指標：配当込みTOPIX）	（％）	(84.0)	(99.2)	(106.6)	(120.2)	(117.2)
最高株価	（円）	5,900	5,050	6,140	6,300	8,740
最低株価	（円）	3,450	4,040	2,815	5,020	4,700

（注） 1 第49期の潜在株式調整後1株当たり当期純利益については，潜在株式が存在しないため，記載しておりません。

2 第50期及び第51期の潜在株式調整後1株当たり当期純利益については，ストックオプション制度を採用しておりますが，調整計算の結果，1株当たり当期純利益が減少しないため，記載しておりません。

3 「収益認識に関する会計基準」（企業会計基準第29号2020年3月31日）等を第53期の期首から適用しており，第53期に係る主要な経営指標等については，当該会計基準等を適用した後の指標等となっ

ております。
4 最高株価及び最低株価は，2022年4月3日以前は東京証券取引所市場第一部におけるものであり，2022年4月4日以降は東京証券取引所プライム市場におけるものであります。

2 沿革

年月	沿革
1970年5月	・野澤徹，現取締役相談役野澤宏は，製造業，金融業等のコンピュータ導入活発化に伴いコンピュータ産業の将来性に着目し，株式会社富士ソフトウエア研究所（資本金3,000千円）を神奈川県横浜市旭区左近山1148番地に設立
1970年8月	・本社移転（神奈川県横浜市神奈川区西神奈川1丁目6番1号）
1970年10月	・本社移転（神奈川県横浜市神奈川区子安台1丁目7番10号）
1973年4月	・本社移転（東京都品川区北品川4丁目10番地）
1977年7月	・本社移転（東京都港区芝浦1丁目11番17号）
1983年5月	・本社移転（東京都港区芝浦2丁目10番5号）
1984年4月	・事業の規模拡大に伴い富士ソフトウエア株式会社に商号変更
1985年5月	・本社新社屋完成本社移転（神奈川県鎌倉市岡本960番地1），旧本社は芝浦事務所に改称
1987年12月	・(社)日本証券業協会に株式を店頭売買銘柄として登録
1992年10月	・東京証券取引所市場第二部に株式を上場
1995年6月	・事業の規模拡大に伴い富士ソフト株式会社に商号変更 ・ISO9001（品質保証の国際規格）認証取得
1996年9月	・株式会社オーエー研究所買収，当社子会社化
1996年10月	・株式会社エービーシと合併，富士ソフトエービーシ株式会社に商号変更 ・株式会社エービーシサービスビューロ（現富士ソフトサービスビューロ株式会社）子会社化
1997年1月	・株式会社ソフトウェア企画，当社子会社化
1997年10月	・有限会社ケイアール企画（現富士ソフト企画株式会社）及びネオスソフト株式会社，当社子会社化
1998年3月	・ネオテック株式会社，当社子会社化
1998年8月	・ISO14001（環境マネジメントシステムの国際規格）認証取得
1998年9月	・東京証券取引所市場第一部に株式指定替え
1998年10月	・ネオテック株式会社とネオスソフト株式会社が合併，サイバーコム株式会社に商号変更

1999年3月	・勧角コンピュータシステム株式会社（現株式会社DSB情報システム）買収，当社子会社化
1999年4月	・合弁会社としてダイヤモンド富士ソフト株式会社をダイヤモンドコンピュータサービス株式会社とともに設立
1999年10月	・サイバネットシステム株式会社買収，当社子会社化
2001年7月	・株式会社ダイエー情報システム（現株式会社ヴィンクス）買収，当社子会社化
2001年10月	・当社子会社サイバネットシステム株式会社，ジャスダック上場
2002年3月	・株式会社ソフトウェア企画，サイバーコム株式会社，ボスシステム株式会社，有明システム株式会社の4社が合併，新会社の商号はサイバーコム株式会社 ・株式会社マイカルシステムズ（現株式会社ヴィンクス）買収，当社子会社化
2002年4月	・本社本部制導入
2002年5月	・プライバシーマーク取得
2003年8月	・当社子会社サイバネットシステム株式会社，東京証券取引所市場第二部上場
2004年4月	・本社機能移転（神奈川県横浜市中区桜木町一丁目1番地）
2004年6月	・しんわシステムサービス株式会社買収，当社子会社化後，富士ソフトSSS株式会社（現富士ソフトサービスビューロ株式会社）に社名変更 ・本店所在地の変更（神奈川県横浜市中区桜木町一丁目1番地）
2004年9月	・株式会社東証コンピュータシステム買収，当社子会社化 ・当社子会社サイバネットシステム株式会社，東京証券取引所市場第一部に株式指定替え
2005年8月	・エース証券株式会社第三者割当増資の引受，当社関連会社化
2005年12月	・当社子会社ヴィンキュラムジャパン株式会社（現株式会社ヴィンクス），ジャスダック上場
2006年3月	・ISMS CMMI（Level3）認証取得
2006年7月	・富士ソフト株式会社に商号変更
2007年2月	・富士ソフト秋葉原ビル（東京都千代田区神田練塀町3）竣工
2007年6月	・当社子会社サイバーコム株式会社，ジャスダック上場
2009年6月	・執行役員制度導入
2010年3月	・台北支店開設（台湾）
2010年6月	・当社子会社イデア・コンサルティング株式会社を設立（ダイヤモンド富士ソフト株式会社の合弁解消に伴う会社分割）
2012年7月	・ソウル支店開設（大韓民国） ・当社子会社富士ソフトケーシーエス株式会社（現株式会社DSB情報システム）の全株式を売却

 沿革

どのように創業したかという経緯から現在までの会社の歴史を年表で知ることができる。過去に行った重要なM&Aなどがいつ行われたのか，ブランド名はいつから使われているのか，いつ頃から海外進出を始めたのか，など確認することができて便利だ。

2012年10月	・当社子会社富士ソフトサービスビューロ株式会社と富士ソフト SSS 株式会社が合併
2013年4月	・当社子会社ヴィンキュラムジャパン株式会社と株式会社ヴィクサスが合併，株式会社ヴィンクスに商号変更
2013年8月	・沖縄開発センター開設
2014年2月	・当社子会社富士ソフト・ティッシュエンジニアリング株式会社を設立
2014年4月	・当社子会社富士軟件科技（山東）有限公司を設立
2015年2月	・当社子会社サイバーコム株式会社，東京証券取引所市場第二部に市場変更
2016年3月	・当社子会社富士ソフトサービスビューロ株式会社，ジャスダック上場
2016年4月	・当社子会社サイバーコム株式会社，東京証券取引所市場第一部に株式指定替え
2016年5月	・当社子会社株式会社ヴィンクス，東京証券取引所市場第二部に市場変更
2017年10月	・当社子会社株式会社ヴィンクス，東京証券取引所市場第一部に株式指定替え
2018年10月	・当社子会社富士ソフトサービスビューロ株式会社，東京証券取引所市場第二部に市場変更
2022年3月	・富士ソフト汐留 ANNEX ビル（東京都港区東新橋2-16-2）竣工
2022年4月	・東京証券取引所プライム市場へ移行 ・当社子会社サイバネットシステム株式会社，東京証券取引所スタンダード市場へ移行 ・当社子会社株式会社ヴィンクス，東京証券取引所スタンダード市場へ移行 ・当社子会社サイバーコム株式会社，東京証券取引所スタンダード市場へ移行 ・当社子会社富士ソフトサービスビューロ株式会社，東京証券取引所スタンダード市場へ移行

3 事業の内容

当社グループは，連結子会社31社，持分法適用非連結子会社2社，持分法適用関連会社1社で構成され，SI（システムインテグレーション）事業，ファシリティ事業を主な事業として行っております。

グループ各社は，独自の営業展開をしておりますが，グループ各社との連携も図っております。

当社グループの事業に係わる位置づけは，次のとおりであります。また，上記以外に非連結子会社が1社あります。

なお，SI事業に係わるグループ各社の主な位置づけとしましては，システム構築全般を当社が行い，主にソフトウェア開発をグループ各社が行っております。

区　　　　分	事　業　内　容
ＳＩ（システムインテグレーション）事業	機械制御系、自動車関連等に関する組込系/制御系ソフトウェア開発、各業種で使用する業務系ソフトウェア開発、プロダクト・サービス及びシステムの構築・保守・運用サービス等全般
ファシリティ事業	オフィスビルの賃貸
その他	データエントリー事業、コンタクトセンター事業及び再生医療事業等

事業の系統図は，次のとおりであります。

(2022.12.31時点)　　　　連結子会社（31社）／持分法適用非連結子会社（2社）／持分法適用関連会社（1社）

※その他グループ会社（非連結子会社1社）

---

point **事業の内容**

会社の事業がどのようにセグメント分けされているか，そして各セグメントではどのようなビジネスを行っているかなどの説明がある。また最後に事業の系統図が載せてあり，本社，取引先，国内外子会社の製品・サービスや部品の流れが分かる。ただセグメントが多いコングロマリットをすぐに理解するのは簡単ではない。

4 関係会社の状況

名称	注記番号	住所	資本金又は出資金(百万円)	主要な事業の内容	議決権の所有割合(%)	関係内容
(連結子会社)						
サイバネットシステム㈱	(注2)	東京都千代田区	995	(プロダクト・サービス)SI事業	54.41	パッケージ販売を担当しております。なお、当社所有の建物を賃借しております。また、当社に対して資金貸付を行っております。
㈱ヴィンクス	(注2)(注5)	大阪府大阪市北区	596	(流通・サービス系)SI事業	61.36	当社の受託ソフトウェアの一部を開発しております。
㈱オーエー研究所		神奈川県鎌倉市	451	(ハードウェア開発)その他	97.37	当社の受託ソフトウェアの一部を開発しております。なお、当社に対して資金貸付を行っております。
㈱東証コンピュータシステム		東京都江東区	400	(金融系)SI事業	64.75	当社の受託ソフトウェアの一部を開発しております。また、当社に対して資金貸付を行っております。
サイバーコム㈱	(注2)	宮城県仙台市青葉区	399	(組込系/制御系)SI事業	51.89	当社の受託ソフトウェアの一部を開発しております。なお、当社へ建物を賃貸しております。また、当社に対して資金貸付を行っております。
富士ソフトサービスビューロ㈱	(注2)	東京都墨田区	354	(オフィスサービス)その他	57.78	当社のデータエントリー業務の大半を行っております。なお、当社所有の建物を賃借しております。
イデア・コンサルティング㈱	(注3)(注6)	東京都千代田区	100	(業務系)SI事業	100.00	当社の受託ソフトウェアの一部を開発しております。また、当社から資金貸付を行っております。
富士ソフト・ティッシュエンジニアリング㈱	(注7)	東京都墨田区	300	(再生医療事業)その他	100.00	当社からコンサルティング業務を提供しており、当社の受託サービスの一部を業務支援しております。また、当社所有の建物を賃借しており、当社から資金貸付を行っております。
富士軟件科技(山東)有限公司	(注3)	中国山東省済南市	261	(組込系/制御系)SI事業	100.00	当社の受託ソフトウェアの一部を開発しております。
WATERLOO MAPLE INC.	(注4)	Waterloo, Ontario, Canada	998.7千CAD	(プロダクト・サービス)SI事業	100.00(100.00)	当連結会計年度においては、記載すべき関係内容はありません。
その他連結子会社21社		—	—	—	—	—
(持分法適用関連会社)						
㈱日本ビジネスソフト		長崎県佐世保市	50	(業務系)SI事業	40.00	当社の受託ソフトウェアの一部を開発しております。

(注) 1 主要な事業の内容欄には、セグメント情報に記載された名称を記載しております。

2 有価証券報告書を提出しております。

3 当社役員が、当該会社の役員を兼任しております。

4 議決権の所有割合の( )内は内書で、間接所有割合の内数であります。

5 売上高(連結会社相互間の内部売上高を除く。)の連結売上高に占める割合が100分の10を超えていますが、当該連結子会社は有価証券報告書の提出会社であるため、主要な損益情報等の記載を省略しております。

6 債務超過会社であり、2022年12月末時点での債務超過の額は、89百万円であります。

7 債務超過会社であり、2022年12月末時点での債務超過の額は、378百万円であります。

5 従業員の状況

(1) 連結会社の状況 ···

2022年12月31日現在

セグメントの名称	従業員数(名)
ＳＩ事業	12,835　　(358)
ファシリティ事業	17　　(1)
その他	4,230　　(3,742)
合計	17,082　　(4,101)

(注) 1　従業員数は，当社グループから当社グループ外への出向者を除き，当社グループ外から当社グループへの出向者を含む就業人員数であります。

　　 2　従業員数欄の(内書)は，臨時従業員の当連結会計年度における平均雇用人員であります。

　　 3　臨時従業員には，パートタイマー及び嘱託契約の従業員を含み，派遣社員を除いております。

(2) 提出会社の状況 ···

2022年12月31日現在

従業員数(名)	平均年齢	平均勤続年数	平均年間給与(百万円)
8,991	35歳8ヶ月	9年10ヶ月	6.2

セグメントの名称	従業員数(名)
ＳＩ事業	8,969
ファシリティ事業	17
その他	5
合計	8,991

(注) 1　従業員数は就業人員数であります。

　　 2　平均年間給与は，賞与及び基準外賃金を含んでおります。

(3) 労働組合の状況 ···

　労働組合はありません。なお，労使関係については円滑な関係にあり，特記すべき事項はありません。

(point) **関係会社の状況**

　主に子会社のリストであり，事業内容や親会社との関係についての説明がされている。特に製造業の場合などは子会社の数が多く，すべてを把握することは難しいが，重要な役割を担っている子会社も多くある。有報の他の項目では一度も触れられていない場合が多いので，気になる会社については個別に調べておくことが望ましい。

事業の状況

1　経営方針，経営環境及び対処すべき課題等

　文中の将来に関する事項は，当連結会計年度末現在において，当社グループが判断したものであります。

（1）　会社の経営の基本方針

　当社グループは，中期方針として「ICTの発展をお客様価値向上へ結びつけるイノベーション企業グループ」を目指し，付加価値向上を実現してまいります。

（2）　目標とする経営指標

　当社グループは，2022年2月10日に公表いたしました「中期経営計画」におきまして，売上高，営業利益，ROIC，ROE，EBITDAマージン，配当性向を重要な経営目標として設定しております。

　具体的な目標数値につきましては，2022年2月10日に公表いたしました「中期経営計画（※）」をご参照下さい。

（3）　中長期的な会社の経営戦略

　当社グループは，2022年度から2024年度までの3ヵ年を対象とした中期経営計画を策定し公表しております。これは，富士ソフトグループが，デジタル技術でIT・OTの両面からDXをリードし，お客様と社会の価値向上とイノベーションに貢献する企業を目指して，環境・時代の変化に機動的に対応し，今後も持続的な成長と付加価値向上の実現を目指すための，重点戦略を定めたものです。

　詳細は，2022年2月10日に公表いたしました「中期経営計画及び補足資料（※）」をご参照下さい。

　※　URL　https://www.fsi.co.jp/ir/management/tyukei.html

（4）　会社の対処すべき課題

　今後の日本経済は，新型コロナウイルス感染症に対する規制が緩和され消費活動が再開する等，経済活動は活性化しつつありますが，長期化する半導体をはじ

めとした部材不足やサプライチェーンの混乱，国内外の金利動向や円安の進行，ウクライナ情勢の長期化による資源・エネルギーコストの高騰，それらに伴う物価上昇等が経済に与える影響を引き続き注視する必要があります。

　情報サービス産業におきましては，コロナ禍におけるニューノーマルの定着や政府による支援も追い風となり，ビジネスモデルの変革を目的とした「デジタルトランスフォーメーション」等，業務改革やビジネス革新におけるデジタル技術活用への意欲は一層強くなりました。さらに，人手不足を背景とした生産性向上・業務効率化や自動化のための戦略的なシステム投資需要は拡大基調が続いており，あらゆる産業においてDXを推進するためのIT人財獲得競争が激化しております。このようなマーケットの変化や日々進化する技術革新への柔軟な対応が課題となっております。

　以上のような事業環境にあることを踏まえ，当社は，「デジタル技術でIT・OTの両面からDXをリードし，お客様と社会の価値向上とイノベーションに貢献」を経営方針に掲げ，2022年度から2024年度までの3ヵ年を対象とした中期経営計画に従い，環境・時代の変化に機動的に対応し，今後も持続的な成長と付加価値向上の実現を目指して，以下の取り組みを進めてまいります。

受託分野の強化

　加速度的に発展するICT環境に対応するため，人的資源を整備し，教育，研究開発や実践の場を通して人財育成とノウハウ蓄積を行うとともに，様々な開発手法や環境面における改良等を行い，生産性や品質の強化を図り，より付加価値の高いサービスを提案・提供できるようお客様対応体制を強化してまいります。併せて，国内外の様々なソリューションベンダーやパートナーとの連携も行い，より競争力のあるソリューション構築やサービス提供を行い，お客様への提供価値を向上することで，お客様の競争力強化に貢献してまいります。

プロダクト・サービス分野の強化

　これまで，様々な自社サービスやプロダクトを提供してまいりましたが，既存のプロダクト・サービスの強化と販売促進に加え，新たなプロダクト・サービスの開発にも積極的に取り組んでまいります。併せて，競争力のある他社との連携も強化し，お客様への適切なプロダクト・サービスの提供とお客様との

接点の拡大を進めてまいります。

新たなビジネス分野への挑戦

かねてより，受託以外のサービス分野の開拓に取り組んできておりますが，DXの流れが加速する中，新たなプロダクト・サービスやお客様との協働モデル作り，新たなアライアンスビジネス等，付加価値向上を目指して新たなビジネス分野にも挑戦していきます。

技術力強化

DXや5G等の先端技術に加えて，上流コンサルティングやサービスデザイン等，幅広く強化を進め，重点技術分野であるAIS-CRMを含めた更なる強化を図ってまいります。

トラブル防止

新たな開発手法や先進技術の利用拡大に伴い，これまでとは異なったシステムトラブルの発生も予見されます。従来型のトラブルの抑制とともに，新たなタイプのプロジェクトへの対応についての様々なトラブル抑制手法を確立していきます。

人財強化

人財力は，お客様へ提供する価値のベースであり，当社グループの競争力を決定づける最も重要な経営資源と考えております。今後も，積極的な採用活動と合わせて様々な教育・研修・学びの機会による多様な人財の育成を強化するとともに，社員の処遇の改善や多様な働き方を支える環境・制度の構築にも努めてまいります。

DXの推進と業務改革，販売管理費の抑制

当社自身の DXや業務改革を強力に進めて技術・ノウハウを蓄積し，販管費用の抑制，新たなビジネススキームの確立や従来ビジネスの革新をしていくことで，当社グループの競争力を強化するとともに，お客様への提供価値を向上してまいります。

グローバル展開

コロナ禍での活動抑制を余儀なくされておりますが，グループ子会社の国際拠点の強化を含めて，今後新たなグローバル展開を積極的に推進してまいりま

す。
グループ強化

　富士ソフトグループとしてさらに成長すべく，グループ憲章に沿った形で，さらなる連携やシナジー強化を推進してまいります。

企業価値向上とコーポレートガバナンスの強化

　適切なガバナンス体制の下で持続的な成長と資本効率等の改善に取り組むための多角的な検証を続け，株主・投資家の皆様と建設的な対話等を通じて，中長期的な企業価値向上に取り組んでまいります。

2　事業等のリスク

〔体制〕

　当社グループは，事業活動に関わるあらゆるリスクを的確に把握し，経営への影響を低減していくために，「リスクマネジメント規程」を定めるとともに，リスクに適切に対応できる体制の整備を図るために「リスク・コンプライアンス委員会」を設置しております。リスク・コンプライアンス委員会は，リスクマネジメント規程にもとづき，具体的なリスクの特定・分析・評価を行い，その対応方針を定め，定期的に取締役会への報告を行っております。

〔個別のリスク〕

　有価証券報告書に記載した事業の状況，経理の状況等に関する事項のうち，投資者の判断に重要な影響を及ぼす可能性のある事項には，以下のようなものがあります。なお，文中における将来に関する事項は，当連結会計年度末現在において当社グループが判断したものであります。

(1)　マーケット環境及び技術動向について

　当社グループが属する情報サービス業界は，国内外の企業間の激しい競争により急速なスピードで技術革新が進んでおります。マーケット環境の変化等によりお客様の投資ニーズが急激に変化する可能性や，価格競争の激化や当社グループが保有する技術・ノウハウ等が陳腐化する可能性があります。これらの技術革新やお客様のニーズ等のマーケット環境の変化に対し適切に対応できなかった場合，

当社グループの経営成績及び財政状態に影響を及ぼす可能性があります。また，お客様における投資の時期や規模は，経済動向，金利・為替動向等に影響を受けるため，当社グループの業績も影響を受ける可能性があります。

　当社グループは多数の事業ポートフォリオを有するとともに，マーケット環境の変化をビジネスチャンスと捉え，新製品の開発・販売を実施する等，マーケット環境の変化に対して柔軟な対応が可能であるものの，急激な環境等の変化により，多数の事業分野における需要が大きく減退した場合には，技術者の継続雇用による収益の圧迫や，人財が流出することでその後の回復が遅れることにより，当社グループの経営成績及び財政状態に影響を及ぼす可能性があります。

　そのため，当社グループは技術革新のスピードに対処するために，技術者に対する教育研修や現場における実践教育を通じて基礎技術力を鍛え上げた上で，常に先端技術や新しい領域へ幅広いチャレンジを行いながら技術力を高め，お客様のニーズに対して的確に対応しております。

(2)　人財の確保及び労務関連について

　当社グループは，事業の推進にあたり，人的資源に依存するビジネスを展開しており，当社グループの継続的な成長のためには，お客様へ専門的で高付加価値な技術を提供する優秀な人財の確保・育成が重要な課題であると認識しております。特に日本国内においては少子高齢化に伴う労働人口の減少等もあり，人財を獲得するための競争は厳しく，優秀な人財の確保・育成が想定どおりに進まない場合や，賃金水準が上昇し人件費が増加した場合には，業績に影響を及ぼす可能性があります。また，ハラスメントや長時間労働等の労務コンプライアンス違反が生じた場合，生産性低下に止まらず，人財の流出，訴訟や社会的信用の低下等により，当社グループの経営成績及び財政状態に影響を及ぼす可能性があります。そのため，積極的な採用活動に加え，働き方改革やダイバーシティを実現するために，様々な教育・研修・学びの機会による多様な人財の育成を強化するとともに，社員の処遇の改善や全社横断で女性活躍を推進する「Ｌキャリア推進室」の設置を始めとした，多様な働き方を支える環境・制度の構築に努めております。労務コンプライアンス違反に対しては，防止するための教育・啓蒙活動を研修等

(point) **従業員の状況**

　　主力セグメントや，これまで会社を支えてきたセグメントの人数が多い傾向があるのは当然のことだろう。上場している大企業であれば平均年齢は40歳前後だ。また労働組合の状況にページが割かれている場合がある。その情報を載せている背景として，労働組合の力が強く，人数を削減しにくい企業体質だということを意味している。

を通じて実施しており，また，内部通報制度により，早期に発見し適切に対処する仕組みを構築し，労務関連リスク低減に取り組んでおります。

（3） ビジネスパートナーへの業務委託について …………………………………

当社グループは，受託ソフトウェア等の開発にあたり，生産能力の確保，生産効率化，技術支援等のためにオフショア・ニアショアの活用を含め国内外のビジネスパートナーに業務の一部を委託しております。情報サービス業界においては特定の技術に需要が偏る傾向があり，今後，需給バランスから十分なビジネスパートナーの確保ができなかった場合や，獲得競争の激化によりコストが大幅に増加した場合等には，当社グループの経営成績及び財政状態に影響を及ぼす可能性があります。このため，当社グループでは，ビジネスパートナーとの定期的なコミュニケーション等による状況の把握や関係強化を図り，国内外で最適なビジネスパートナーの確保に努めております。

（4） 受託ソフトウェア等の開発について ……………………………………………

当社グループは，お客様の要求事項に基づき受託ソフトウェアの設計・開発，製造及び保守サービス等を行っておりますが，それらの品質管理や納期管理を徹底しお客様に対する品質保証を行うと共に，お客様サービスの満足度向上に努めております。

当社グループでは，1995年6月にISO9001の認証を取得し，品質マニュアル及び品質目標を設定することにより，品質管理の徹底を図っております。

システム開発に際しては，当社とお客様の責任範囲を明確にした上で，引合い・見積り・受注段階からのプロジェクト管理の徹底，専門部門によるチェックや案件進捗管理等，プロジェクトマネジメント力の強化に努め，不採算案件の発生防止に努めております。

しかしながら，受託ソフトウェア等の開発が高度化・複雑化する中，当社グループの提供するサービス等において，品質上や納期遅延のトラブルが発生する可能性があり，トラブル対応による追加コストの発生や損害賠償等により，当社グループの経営成績及び財政状態に影響を及ぼす可能性があります。

(point) **業績等の概要**

この項目では今期の売上や営業利益などの業績がどうだったのか，収益が伸びたあるいは減少した理由は何か，そして伸ばすためにどんなことを行ったかということがセグメントごとに分かる。現在，会社がどのようなビジネスを行っているのか最も分かりやすい箇所だと言える。

(5) プロダクト・サービスについて

　当社グループは，プロダクトの提供にあたり，マーケットニーズを考慮した投資及び販売計画を作成しておりますが，マーケットニーズの変化や急速な技術革新等により製品の陳腐化が進み，想定どおりの販売が困難になった場合には，当該プロダクトに係る追加の減価償却費や減損損失が生じることとなります。

　また，自社プロダクトについて品質管理を徹底し，他社プロダクトについても製品の性質を踏まえた契約や適切な形式での提供に努めておりますが，バグや製品の欠陥による交換対応等が発生した場合には追加コストの発生や損害賠償責任を負う可能性があることに加え，他社製品に組み込まれる場合においては，想定外の多額の損害賠償請求を受ける可能性があります。

　一方で，知的財産権については，他者の権利侵害に注意したうえで，その取得及び保護を進めております。しかしながら，当社グループが認識しない他者の知的財産権を侵害した場合には，損害賠償請求や当該知的財産権の対価等を請求されることがあり，当社グループの経営成績及び財政状態に影響を及ぼす可能性があります。

　さらに，当社グループが取り扱っている他社プロダクトは，その多くを開発元から直接仕入れております。仕入先が限定されており，その依存度が高いと考えております。また，主要な仕入先との販売代理店契約は原則として，非独占かつ短期間で更新するものとなっており，他の有力な販売代理店が指定される場合や，仕入先自身が直営を開始する場合，または，販売代理店契約が更新されない場合，業績に影響を及ぼす可能性があります。なお，買収等による仕入先の経営権の変化等により，契約の見直しを求められる可能性があります。

(6) アウトソーシング業務の請負について

　当社グループは，基幹システムの構築，ネットワーク環境の開発・保守・運用等のデータセンターを使用したアウトソーシングサービスを行っております。当サービスを安定供給するためには，システムの安定的な稼動，システム障害が発生した場合には適切な対応策を講じることが不可欠であり，データセンターの設備の整備や安定的な運用体制の構築，あるいは，突発的なシステム障害に対応で

きる組織作りに努めております。

　しかしながら，運用上の作業手順が守られない等の人的ミスや機器・設備の故障等の予期せぬ事象により，お客様と合意した一定水準以上のサービス提供が実現できなかった場合，当社グループの経営成績及び財政状態に影響を及ぼす可能性があります。このため，継続的な運用品質の改善を行うとともに，障害発生状況の確認・早期検知，障害削減や障害予防に向けた対策の整備・強化に努めています。

　また，データセンター事業では，安定的に運用するために，電源設備・空調設備等の設備更新等，継続的に多額の設備投資が必要となります。設備の稼働能力に対し稼働が低水準で推移し，収益性が低下した場合には，当該データセンターに係る減損損失が生じ，当社グループの業績に影響を及ぼす可能性があります。さらに，データセンターでは大量の電力を必要しており，電力料金が高騰する状況において，お客様への転嫁等の対応が取れない場合，電力調達に追加的費用が生じ，当社グループの業績に影響を及ぼす可能性があります。

(7)　ファシリティ事業について

　当社グループは，賃借した場合のランニングコストと自社保有の場合の初期費用及び運用コストとで長期間の現在価値の比較を行う等，多面的な評価を行った上で，各地に自社利用オフィスとして不動産を所有しております。自社利用オフィスは，コア事業である受託ソフトウェア等の開発スペースとして利活用しておりますが，その時々のビジネス環境，中長期の展望や物件のテナントニーズ等を総合的に勘案して，不動産利用の最適化を図っており，一時的に自社利用の必要性が無くなったビルや一部フロアをファシリティ事業として賃貸しております。これらの資産は，テレワークの増加等を背景としたテナント及び貸会議室需要の減退による事業収入の圧迫や，不動産市況の変動による大幅な地価の下落等が起こる場合，当該不動産に係る減損損失が生じることとなり，当社グループの経営成績及び財政状態に影響を及ぼす可能性があります。

(8) グローバルリスクについて ···

当社グループは，海外の商品を取り扱うと共に，欧米・アジアの各国において開発・生産・販売拠点の設立，企業買収や資本提携等を通じてグローバルに事業展開しております。これらの国や地域における商習慣・法的規制の相違等については，事前調査や専門家等を通じて対策を施しておりますが，現地での予期せぬ特殊事情，政治体制の変更，為替相場の急激な変化，テロ行為，伝染病等の想定外の事象があった場合，当社グループの経営成績及び財政状態に影響を及ぼす可能性があります。

(9) 自然災害等について ···

当社グループは，地震等の大災害や感染症の大流行等に備え，グループ各社の危機管理情報の集約体制構築や，国内事業の情報システムの分散等の施策に加え，在宅勤務制度の導入，全社員にタブレットを配布，オンラインによる人材の確保や育成等の環境整備を進めております。

しかしながら，大災害の発生等により営業活動の停止，当社グループの施設等の損壊や閉鎖，交通・通信・物流といった社会インフラの混乱，お客さまやビジネスパートナーの被害状況等により，当社グループの経営成績及び財政状態に影響を及ぼす可能性があります。また，感染症の大流行により，マーケット環境の大幅な悪化や人材確保に問題が生じた場合，生産体制や品質管理等の問題が生じ，当社グループの経営成績及び財政状態に影響を及ぼす可能性があります。

(10) 内部管理体制について ···

当社グループは，企業価値を継続的に高めていくために，業務執行の適正性及び健全性の確保が重要であると認識しております。そのためには，コーポレート・ガバナンスが有効に機能するよう，内部統制システムの適切な構築及び運用を実施しております。しかしながら，このような施策を講じても役員，従業員による不正行為は完全には回避できない可能性があります。また，経営環境の急激な変化や新たな事業の拡大等により，内部管理体制の整備が行き届かず想定外の不正行為等が発生した場合には，適切な業務運営が困難となり，当社グループの経営

成績及び財政状態に影響を及ぼす可能性があります。

（11） 機密情報の管理について ···

　当社グループは，お客様企業情報及び社内外の個人情報を取り扱っており，「個人情報保護法」や「マイナンバー法」等に沿った対応を整備する等，法令を遵守した運用に努めております。それらの機密情報を適切に管理し安全性を確保することが企業に課せられた社会的責務であると認識しております。

　サイバー攻撃は日々高度化，巧妙化しており，サイバーセキュリティリスクは重要な経営課題となっております。そのため，当社グループでは，サイバー攻撃対策及びネットワーク管理等の情報保護に関する社内基準の策定と遵守，合理的な技術的セキュリティ対策の実施，情報管理に関する社内教育の徹底及び外部委託先との機密保持契約の締結に加え，当社プロダクト製品においても情報漏洩を未然に防ぐ様々な技術対策を講じております。また，当社では CSIRT（※1）・SOC（※2）を設置し，サイバーセキュリティに関する脅威の監視や分析，対応能力の強化を行っております。

　このような対策にもかかわらず，予期せぬ事象により情報漏洩等が発生した場合には，お客様からの損害賠償責任の発生や，当社グループに対する信用の低下により，受託ソフトウェア開発業務の継続にも支障が生じる場合がある他，今後の法令改正等によっては，当社プロダクト製品に新たな技術対策が必要になり，経営成績及び財政状態に影響を及ぼす可能性があります。

（12） 投資活動について ···

　当社グループは，企業価値を向上させ継続的に事業を成長させる上で，技術の獲得やアライアンスが有効な手段となる場合，必要に応じて国内外での企業買収や子会社の設立，ベンチャー企業への投資等を実施しております。また，生産能力向上等のためオフィス建設等の設備投資を実施しております。これらの投資の実施に当たっては，事前に収益性や回収可能性について調査・検討を行っておりますが，投資後の市場環境や競争環境に著しい変化があった場合や，投資先の事業が当初に計画した通りの成果を得られない場合，投資の一部又は全部が損失と

なる，あるいは，追加資金拠出が必要となる等，当社グループの経営成績及び財政状態に影響を及ぼす可能性があります。

(13) 資金調達について

　当社グループは，事業活動に必要な資金を金融機関からの借入やコマーシャル・ペーパーの発行等により調達しております。

　しかしながら，将来，当社の信用格付けの引下げに伴う信用力の低下や大幅な金利変動等が生じた場合，当社グループの資金調達に支障が生じる可能性や，資金調達コストが増加する可能性があり，当社グループの経営成績及び財政状態に影響を及ぼす可能性があります。

(14) 収益認識に関するリスク

　当社グループは，請負契約など成果物の引渡し義務を伴う受注制作ソフトウェア開発において，契約における取引開始日から完全に履行義務を充足すると見込まれる時点までの期間がごく短い場合を除き，履行義務の充足に係る進捗度に基づき，一定の期間にわたり収益を認識しております。履行義務の進捗度の見積りは総製造原価の見積りに対する当連結会計年度末までに発生した製造原価の割合によって算出しております。

　履行義務の充足に係る進捗度に基づき一定の期間にわたり認識する収益の計上にあたっては，履行義務の充足に係る進捗度について，受注総額及び総製造原価の見積りに大きく依存しており，契約及び見積りの管理や計画管理の正確性が求められております。受注総額及び総製造原価の見積りについて，実績との乖離が発生した場合は見直しを行い収益計上の精度を確保しておりますが，適切な対応が遅れた場合には当社グループの経営成績に影響を及ぼす可能性があります。総製造原価の見積りについては，精度を高める取組みや独立した管理部門が，第三者的な視点から見積り精度を評価する等の体制を構築し運用しております。

※1　CSIRT（Computer Security Incident Response Team）：サイバーセキュリティ関連のインシデントが起こった場合に対応する専門組織で，専門組織による早期の問題解決，サイバー攻撃による被害の範囲や深刻度の判断，セキュリティトピックの提供を行う

※2　SOC（Security Operation Center）：情報システムへの脅威の監視や分析等を行う専門組織

3 経営者による財政状態，経営成績及びキャッシュ・フローの状況の分析

当連結会計年度における当社グループ（当社，連結子会社及び持分法適用会社）の財政状態，経営成績及びキャッシュ・フロー（以下，「経営成績等」という。）の状況の概要並びに経営者の視点による当社グループの経営成績等に関する認識及び分析・検討内容は次のとおりであります。

なお，文中の将来に関する事項は，当連結会計年度末現在において判断したものであります。

また，「収益認識に関する会計基準」（企業会計基準第29号2020年3月31日。以下「収益認識会計基準」という。）等を当連結会計年度の期首から適用しております。収益認識会計基準等の適用が財政状態及び経営成績に与える影響の詳細については，「第5経理の状況1連結財務諸表等 (1) 連結財務諸表注記事項（会計方針の変更）及び（セグメント情報等）セグメント情報」をご参照ください。

(1) 経営成績 ･･･

当連結会計年度における日本経済は，欧米各国の金融引き締めによる金利上昇や円安の進行，ウクライナ情勢の長期化による資源・エネルギーコストの高騰，それらに伴う物価上昇等がありましたが，新型コロナウイルス感染症に対する規制が緩和され，経済活動が活発化し，緩やかながらも景気回復の動きが続きました。

情報サービス産業におきましては，半導体をはじめとした部材不足やサプライチェーンの混乱，世界的な物価上昇等の不透明感が残るものの，コロナ禍におけるニューノーマルの定着や政府による支援も追い風となり，ビジネスモデルの変革を目的とした「デジタルトランスフォーメーション（以下，DX）」等，業務改革やビジネス革新におけるデジタル技術活用への意欲は一層強くなりました。さらに，人手不足を背景とした生産性向上・業務効率化や自動化のための戦略的なシステム投資需要は拡大基調が続いております。

このような状況の下，当社グループは当連結会計年度を初年度とする3カ年の中期経営計画（2022-2024）を策定し，「デジタル技術で IT，OTの両面から DX をリードし，お客様と社会の価値向上とイノベーションに貢献」を経営方針に掲げ，持続的な成長と付加価値向上の実現に取り組んでまいりました。

当社の最も重要な経営資源である人財強化を進めるため，積極的な採用と教育投資に引き続き注力してまいりました。その上で，継続的な技術強化を進め，より付加価値の高いサービスができるよう AIS-CRM（※1）領域の強化とともに，IT コンサルティングやサービスデザインといった上流分野の強化も行い，さらに，5G やメタバースといった新たな分野の技術研究も進めてまいりました。また，ビジネス基盤を強化するため，当社自身の DX にも注力し，業務改革をベースとした社内変革，事業競争力強化のための適用等を推し進めております。こういった活動の中で蓄積した技術・ノウハウ・人財を元に，お客様の DX 支援に力を入れて進めており，DX を牽引するデジタル企業の代表として，7月には経済産業省が選定する「DX 認定事業者（※2）」に認定されました。

　システム構築分野の業務系システム開発におきましては，お客様の DX に必要不可欠である仮想化やクラウド化を，グローバルベンダーの技術も活用して実現するシステムインフラ構築分野や，事業基盤強化のための基幹システムの再構築，新たなサービスを展開するためのサービスシステム開発等の分野で引き続き活況を呈しております。さらに，DX が進む中で，複数のクラウドサービスを組み合わせて最適な環境を実現するマルチクラウド化が浸透しつつあり，クラウドサービスを中心に安定した成長が続いております。このようなクラウド環境の構築経験により，クラウドセキュリティに対して豊富な経験や高度な技術力を蓄え，お客様の安全をサポートするあらゆるセキュリティソリューションも幅広く提供してまいりました。また，金融業向けにおきましては，経営効率化や新たな保険ビジネスの構築等，DX の推進に向けた戦略的な IT 投資需要に対して積極的な営業活動を展開し，ビジネス拡大を図ってまいりました。流通業におきましては，「ニューリテール」と呼ばれる小売業の DX を実現するための店舗システムや基幹システム構築等，お客様のデジタル変革需要に的確に対応いたしました。

　DX 時代のシステム開発において，新たな開発手法やスピーディーな開発が求められる中，より高度な資格取得の促進やアジャイル型の開発方式等，新たなシステム開発手法の研究・実践により，多様なニーズに合わせた最適なソリューションを提供してまいりました。

　組込 / 制御系システム開発におきましては，社会インフラ分野では，第5世代

移動通信システム（5G）の基地局やコアネットワーク等のサービスが拡大しております。当社は今後の5Gの活用の広がりを見据え，「ローカル5G」の技術研究を行うためローカル5G無線局免許を取得し，「ローカル5Gラボ」を開設いたしました。5G領域におけるインフラの構築から，お客様の独自の要望をサービスとして手掛ける当社の強みを活かした事業展開を加速させてまいります。

　機械制御分野では，堅調であった中国に加えて欧米，アジア，日本と世界規模で設備投資が活発化し，工作機械・ロボット等のFA（工場自動化）分野や，旺盛な半導体製造装置関連分野で好調に推移しました。大手メーカーのデジタル家電機器分野への投資も踊り場から脱し，回復基調が見られ堅調に推移しました。

　自動車分野では，カーボンニュートラルの実現に向けた電動化や，進化する自動運転等のCASE分野への投資活発化を背景に好調に推移いたしました。さらに，それらを支えるモデルベース開発等の基盤技術分野のニーズも拡大しており，需要が期待される技術分野へ柔軟に対応するとともに，高度専門技術への研究投資により，競争力の強化を推進してまいりました。

　プロダクト・サービス分野におきましては，前年はGIGAスクール構想の後押しを受けたICT機器の急激な需要増加により，モバイルルータや機器販売が急拡大しましたが，現在では需要は落ち着き，安定的に推移しております。しかしながら，子会社のサイバネットシステム株式会社においてSynopsys社との販売代理店契約終了の影響により，やや低調に推移いたしました。

　他方では，生活様式の大きな変化に伴う様々な社会変化を好機と捉え，バーチャルイベント空間「FAMevent（ファムイベント）」やバーチャル教育空間「FAMcampus（ファムキャンパス）」等，新たなプロダクト製品の開発・販売を進めております。今後もICTの力で，社会の課題解決に積極的に取り組み，事業の強化・拡大を目指してまいります。

　当社グループは，「もっと社会に役立つ。もっとお客様に喜んでいただける。もっと地球に優しい企業グループ。そして「ゆとりとやりがい」」を基本方針として，社会と協調しながら，事業活動及び様々な社会貢献活動を通じて持続可能な地球と社会の発展に貢献しております。

　CSR（企業の社会的責任）活動としましては，特例子会社の富士ソフト企画株

式会社では，SDGsのコンセプトに共感し，「誰一人取り残さない」持続可能で多様性と包摂性のある社会の実現に向け，障がい者の就労拡大に向けた就労移行支援活動や，ICT技術を生かした新しい農業としてのしいたけ栽培に引き続き取り組んでおります。

　また，新型コロナウイルス感染症の影響により安全を考慮し開催を見送っておりました，ロボット競技大会「全日本ロボット相撲大会2022」を3年ぶりに開催する等，ロボット相撲を通して研究意欲の向上と創造性発揮の場を提供し「ものづくり」の楽しさを広め，ロボットテクノロジーの向上を図る活動を推進してまいりました。

　なお，これまでの多くの株主様との対話を実施するなかで頂いたご指摘やご提案を取り入れ，全ステークホルダーの皆様に対する更なる価値向上を推進する組織として「企業価値向上委員会」を新設いたしました。

　重要な経営課題は外部アドバイザリーを起用した上で個別ワーキンググループにおいて検証を行い，当委員会としては社外取締役及び社外監査役の意見を反映させる形で意思決定を行うことで実効性と公正性を両立しております。なお，2022年12月4日開催の臨時株主総会で新たに5名の社外取締役が選任されたことで，当委員会も新体制となっております。

　企業価値向上委員会では，引き続き，事業方針・社内資源の配分・ガバナンスやステークホルダーとの対話についての再検証を行い，より一層の企業価値向上を推進してまいります。

　このような活動により，当連結会計年度の業績につきましては，SI事業が好調に推移し，売上高は2,787億83百万円（前年同期比8.1％増）となりました。また，販売費及び一般管理費は432億94百万円（前年同期比8.2％増）になり，営業利益は182億72百万円（前年同期比8.5％増）円安による為替差益の増加等により，経常利益は192億5百万円（前年同期比6.8％増），親会社株主に帰属する当期純利益は113億79百万円（前年同期比24.6％増）となりました。

※1　AIS-CRM（アイスクリーム）とは，「A：AI　I：IoT　S：Security　C：Cloud　R：Robot　M：Mobile & AutoMotive」の頭文字をとったもので，当社の注力分野や強みを示したもの。

※2　DX認定事業者：「情報処理の促進に関する法律」に基づき，「デジタルガバナンス・コード」の基本的事項に対応する企業を国が認定する制度です。独立行政法人情報処理推進機構が，本制度に関わる「

DX認定制度事務局」として各種相談・問合せ，及び認定審査事務を行っています。

セグメントごとの経営成績は，次のとおりであります。
① SI（システムインテグレーション）事業

SI事業における，組込系/制御系ソフトウェアにおきましては，機械制御系が好調に推移，自動車など各分野も堅調に推移し，増収・増益となりました。業務系ソフトウェアにおきましては，システムインフラ構築を中心に各分野が好調に推移し増収となり，営業利益は，不採算案件が発生したものの，増収により増益となりました。プロダクト・サービスにおきましては，前年に好調であった他社ライセンス及びハードウェアの販売の反動減や，子会社における販売代理店契約終了の影響等により減収・減益となりました。アウトソーシングにおきましては，保守サービス案件の増加等により増収・増益となりました。

以上の結果，売上高は2,631億43百万円（前年同期比7.5％増）となり，営業利益は167億74百万円（前年同期比8.3％増）となりました。

※ SI事業の主な売上高及び営業利益の内訳については，次のとおりであります。

（単位：百万円）

	売上高	前年同期比(%)	営業利益	前年同期比(%)
ＳＩ事業合計	263,143	107.5	16,774	108.3
システム構築	164,583	111.8	11,129	113.5
組込系/制御系ソフトウェア	74,491	108.7	5,974	117.4
業務系ソフトウェア	90,091	114.5	5,154	109.4
プロダクト・サービス	98,560	100.9	5,645	99.2
プロダクト・サービス	83,902	99.8	4,617	96.8
アウトソーシング	14,657	107.2	1,027	111.6

（注） 営業利益については，セグメント間取引消去 △0百万円が含まれております。

② ファシリティ事業

ファシリティ事業におきましては，売上高は26億54百万円（前年同期比1.6％増）となり，販管費増加により，営業利益は8億15百万円（前年同期比14.7％減）となりました。

③ その他

その他におきましては，BPOサービス，コールセンターサービスともに地方自治体向けの案件が堅調に推移したことにより，売上高は129億85百万円（前年

同期比25.1％増）となり，増収の影響や子会社の利益改善等により，営業利益は6億82百万円（前年同期比74.4％増）となりました。

　生産，受注及び販売の実績は，次のとおりであります。

① 生産実績

　当連結会計年度における生産実績をセグメントごとに示すと，次のとおりであります。

セグメントの名称	生産高（百万円）	前年同期比（％）
ＳＩ事業	205,001	107.4
ファシリティ事業	1,384	88.4
その他	10,830	125.4
合計	217,216	108.0

（注）1　セグメント間の取引については相殺消去しております。
　　　2　金額は，製造原価により算出しております。
　　　3　上記の金額には，消費税等は含まれておりません。

② 受注実績

　当連結会計年度における受注実績をセグメントごとに示すと，次のとおりであります。

セグメントの名称	受注高（百万円）	前年同期比（％）	受注残高（百万円）	前年同期比（％）
ＳＩ事業	274,617	113.0	72,963	125.1
ファシリティ事業	2,810	108.1	1,200	114.9
その他	13,595	117.9	3,607	120.3
合計	291,023	113.2	77,772	124.7

（注）1　セグメント間の取引については相殺消去しております。
　　　2　上記の金額には，消費税等は含まれておりません。

③ 販売実績

　当連結会計年度における販売実績をセグメントごとに示すと，次のとおりであります。

セグメントの名称	販売高（百万円）	前年同期比（％）
ＳＩ事業	263,143	107.5
ファシリティ事業	2,654	101.6
その他	12,985	125.1
合計	278,783	108.1

（注）1　セグメント間の取引については相殺消去しております。

2 上記の金額には，消費税等は含まれておりません。
3 主な相手先別の販売実績及び総販売実績に対する割合は，100分の10に満たないため，記載を省略
しております。

(2) 財政状態 ···

資産

　当連結会計年度末における総資産は2,408億35百万円（前連結会計年度末差
119億20百万円増）となりました。その内訳は，流動資産が1,127億30百万円
（前連結会計年度末差16億2百万円増），固定資産が1,281億4百万円（前連結
会計年度末差103億17百万円増）であります。

　流動資産の主な変動要因は，現金及び預金が327億36百万円（前連結会計年
度末差76億15百万円減），有価証券が85億円（前連結会計年度末差35億円増），
前払費用が58億90百万円（前連結会計年度末差29億82百万円増），前渡金が
27億4百万円（前連結会計年度末差19億61百万円増），仕掛品が37億63百万
円（前連結会計年度末差7億29百万円増）によるものです。

　固定資産の主な変動要因は，建設仮勘定が129億79百万円（前連結会計年度
末差59億48百万円増），土地が558億92百万円（前連結会計年度末差27億
18百万円増），退職給付に係る資産が72億74百万円（前連結会計年度末差12
億73百万円増），ソフトウエアが50億50百万円（前連結会計年度末差9億34
百万円増）によるものです。

　セグメントごとの資産は，次のとおりであります。

① SI事業

　SI事業におきましては，好調な受注環境により売掛金が増加したこと及び建設
中の汐留ビル，新名古屋ビル等により，セグメント資産は2,331億26百万円（前
連結会計年度末差109億72百万円増）となりました。

② ファシリティ事業

　ファシリティ事業におきましては，増収に伴う売掛金の増加等により，セグメ
ント資産は1億77百万円（前連結会計年度末差5百万円増）となりました。

③ その他

　その他におきましては，前年の減損損失の影響等により，セグメント資産は75億31百万円（前連結会計年度末差9億41百万円増）となりました。

負債

　当連結会計年度末における負債総額は880億91百万円（前連結会計年度末差21億44百万円増）となりました。その内訳は，流動負債が719億45百万円（前連結会計年度末差39億27百万円増），固定負債が161億45百万円（前連結会計年度末差17億83百万円減）であります。

　流動負債の主な変動要因は，未払金が63億50百万円（前連結会計年度末差24億80百万円増），未払法人税等が28億28百万円（前連結会計年度末差24億18百万円減），前受金が79億47百万円（前連結会計年度末差26億55百万円増），短期借入金・1年内返済予定の長期借入金が178億55百万円（前連結会計年度末差16億6百万円減），支払手形及び買掛金が140億83百万円（前連結会計年度末差11億35百万円増），未払費用・賞与引当金が129億74百万円（前連結会計年度末差10億2百万円増）によるものです。

　固定負債の主な変動要因は，退職給付に係る負債が45億4百万円（前連結会計年度末差12億78百万円減），長期借入金が87億83百万円（前連結会計年度末差5億82百万円減）によるものです。

純資産

　当連結会計年度末における純資産は1,527億44百万円（前連結会計年度末差97億75百万円増）となりました。この結果，自己資本比率は前連結会計年度末の54.6%から55.7%となりました。

（3）　キャッシュ・フロー ……………………………………………………

　当連結会計年度末における現金及び現金同等物（以下，「資金」という）の残高は，330億86百万円で前連結会計年度末に比べ77億89百万円減少しました。

営業活動によるキャッシュ・フロー

　当連結会計年度における営業活動による資金の増加は135億19百万円となりました。

　これは，増収・増益に伴う入金額の増加及び商品の先行仕入や税金納付等によるもので，税金等調整前当期純利益182億84百万円，減価償却費40億72百万円により増加し，法人税等の支払額75億27百万円により減少しました。

投資活動によるキャッシュ・フロー

　当連結会計年度における投資活動による資金の減少は155億22百万円となりました。

　これは，有形・無形固定資産の取得による支出122億85百万円，定期預金の預入による支出98億28百万円，有価証券の取得による支出45億円により減少し，定期預金の払戻による収入108億34百万円により増加しました。

財務活動によるキャッシュ・フロー

　当連結会計年度における財務活動による資金の減少は59億11百万円となりました。

　これは，主に借入による収支23億64百万円の支出，配当金の支払額25億8百万円によるものです。

資本の財源及び資金の流動性についての分析

　当社グループの運転資金需要のうち主なものは，人件費及び外注費のほか，オフィスの賃借に伴う地代家賃等の営業費用であります。当社グループは，事業運営上適切な手元流動性と資金需要に応じた調達手段を安定的に確保することを基本方針としております。短期運転資金は，自己資金に加えて，金融機関からの短期借入及びコマーシャル・ペーパーによる調達を基本としており，設備投資や長期運転資金の調達につきましては，金融機関からの長期借入を基本としております。当社は，（株）日本格付研究所から信用格付を取得しており，当連結会計年度末現在，当社の発行体格付は，A-（長期），J-1（短期）となっております。なお，当連結会計年度末における借入金及びリース債務を含む有利子負債の残高は266億46百万円となっております。また，当連結会計年度末における現金及び現金同等物の残高は330億86百万円となっております。

(4) 経営者の視点による経営成績等の状況に関する分析・検討内容 …………

経営者の視点による当社グループの経営成績等の状況に関する認識及び分析・検討内容は次のとおりであります。

なお，文中の将来に関する事項は，当連結会計年度末現在において判断したものであります。

① 重要な会計方針及び見積り

当社グループの連結財務諸表は，我が国において一般に公正妥当と認められている会計基準に基づいて作成されています。この連結財務諸表の作成にあたって，経営者は会計方針の選択・適用，また，資産・負債及び収益・費用の報告金額並びに開示に影響を与える見積りを必要としています。これらの見積りについては過去の実績等を勘案し合理的に判断していますが，実際の結果は，見積り特有の不確実性があるため，これらの見積りと異なる場合があります。

当社グループの連結財務諸表で採用する重要な会計方針は，「第5　経理の状況1．連結財務諸表等（1）連結財務諸表注記事項（連結財務諸表作成のための基本となる重要な事項）」に記載しておりますが，特に以下の重要な会計方針が，当社の連結財務諸表の作成において使用される当社グループの重要な判断と見積りに大きな影響を及ぼすと考えております。

なお，新型コロナウイルス感染症の感染拡大の影響に関する会計上の見積りについては，「第5　経理の状況1連結財務諸表等（1）連結財務諸表注記事項（追加情報）」に記載しております。

（履行義務の充足に係る進捗度に基づき一定の期間にわたり認識する収益）

当社グループは，請負契約など成果物の引渡し義務を伴う受注制作ソフトウェア開発において，契約における取引開始日から完全に履行義務を充足すると見込まれる時点までの期間がごく短い場合を除き，履行義務の充足に係る進捗度に基づき，一定の期間にわたり収益を認識しております。履行義務の進捗度の見積りは総製造原価の見積りに対する当連結会計年度末までに発生した製造原価の割合によって算出しております。

履行義務の充足に係る進捗度に基づき一定の期間にわたり認識する収益の計上

にあたっては，履行義務の充足に係る進捗度について，受注総額及び総製造原価の見積りに大きく依存しており，契約及び見積りの管理や計画管理の正確性が求められております。受注総額及び総製造原価の見積りについて，実績との乖離が発生した場合は見直しを行い収益計上の精度を確保しておりますが，適切な対応が遅れた場合には当社グループの経営成績に影響を及ぼす可能性があります。

（工事損失引当金）

　当社グループは，受注制作ソフトウェア開発に係る将来の損失に備えるため，当連結会計年度末における受注制作ソフトウェア開発のうち，損失の発生が見込まれ，かつ，その金額を合理的に見積もることができる契約について，損失見込額を計上しております。損失見込額については，見積りの合理性及びプロジェクト進捗報告による開発進捗・原価発生状況のモニタリング，完成後の品質確認等のプロジェクト管理体制を整備しており，見込額計上の精度を確保しております。しかしながら，想定できなかった原価の発生等により，当初の見積りを超える原価が発生する場合には当社グループの経営成績に影響を及ぼす可能性があります。

（固定資産の減損）

　当社グループは，固定資産の減損に係る回収可能性の評価にあたり，各社ごとに資産のグルーピングを行い，収益性が著しく低下した資産グループについては，固定資産の帳簿価額を回収可能価額まで減額し，当該減少額を減損損失として計上することになります。固定資産の回収可能価額については，将来キャッシュ・フロー等の前提条件に基づき算出しているため，当初見込んでいた収益が得られなかった場合や，将来キャッシュ・フロー等の前提条件に変更があった場合，固定資産の減損を実施し，当社グループの業績を悪化させる可能性があります。

（繰延税金資産）

　当社グループは，繰延税金資産の回収可能性の評価に際して，将来の課税所得を合理的に見積もっております。繰延税金資産の回収可能性は将来の課税所得の

ⓟₒᵢₙₜ 生産及び販売の状況

　生産高よりも販売高の金額の方が大きい場合は，作った分よりも売れていることを意味するので，景気が良い，あるいは会社のビジネスがうまくいっていると言えるケースが多い。逆に販売額の方が小さい場合は製品が売れなく，在庫が増えて景気が悪くなっていると言える場合がある。

見積りに依存しますので，その見積額が減少した場合，繰延税金資産は減額され税金費用が計上される可能性があります。

② 経営方針，経営戦略，経営上の目標の達成状況を判断するための客観的な指標等

当社グループは，当連結会計年度までは，売上高成長率，営業利益率及び安定配当を重要な経営目標と位置づけしております。なお，翌連結会計年度においての経営目標は「第2 事業の状況1.経営方針，経営環境及び対処すべき課題等(2) 目標とする経営指標」をご参照ください。

売上高におきましては，当連結会計年度は2,787億83百万円となり，売上高成長率は8.1％となりました。主な要因としては，SI事業における組込 / 制御系では機械制御系の好調が継続し，自動車関連など各分野も堅調に推移し，業務系ではシステムインフラ構築を中心に各分野が好調に推移したことであります。

営業利益におきましては，当連結会計年度は182億72百万円となり，営業利益率は6.6％となりました。主な要因としては，プロダクト・サービスについて前年に好調であった案件の反動減や子会社における販売代理店契約終了の影響等により売上高が減収したものの，そのほかのSI事業等においては，売上高が増収したことであります。

また配当については，当連結会計年度の年間1株当たり配当額は127円となりました。

今後も当社グループの企業価値向上に努めてまいります。

指標	2020年12月期 (実績)	2021年12月期 (実績)	2022年12月期 (実績)
売上高(百万円)	240,953	257,891	278,783
売上高成長率(%)	4.3	7.0	8.1
営業利益(百万円)	15,972	16,838	18,272
営業利益率(%)	6.6	6.5	6.6
1株当たり配当金(円)	51	52	127

(point) 対処すべき課題

有報のなかで最も重要であり注目すべき項目。今，事業のなかで何かしら問題があればそれに対してどんな対策があるのか，上手くいっている部分をどう伸ばしていくのかなどの重要なヒントを得ることができる。また今後の成長に向けた技術開発の方向性や，新規事業の戦略についての理解を深めることができる。

■ 設備の状況

1 設備投資等の概要

　当連結会計年度中に実施いたしました設備投資の総額は，14,110百万円であります。その主なものは，当社グループでの事業拡大に伴う建設中のオフィスビルに対するものであります。

　なお，生産能力及び経営成績に重要な影響を及ぼすような設備の除却，撤去などについてはありません。

2 主要な設備の状況

(1) 提出会社 ···

2022年12月31日現在

事業所名 (所在地)	セグメントの名称	設備の内容	帳簿価額(百万円)						従業員数 (名)
			建物及び構築物	工具、器具備品及び車両運搬具	土地 (面積㎡)	リース資産	その他	合計	
秋葉原オフィス (東京都千代田区) (注3)	ＳＩ事業 ファシリティ事業	一般管理設備 生産設備	11,005	371	18,122 (4,993.49)	－	281	29,780	719 (10)
汐留A棟建設予定地 (東京都港区)	ＳＩ事業	一般管理設備 生産設備	－	－	12,735 (2,545.13)	－	7,441	20,177	－
本社 (神奈川県横浜市)	ＳＩ事業 ファシリティ事業	一般管理設備 生産設備	5,547	583	3,513 (2,828.77)	－	307	9,951	1,934 (28)
名古屋駅前オフィス (愛知県名古屋市中村区) (注2)	ＳＩ事業	一般管理設備 生産設備	44	13	5,214 (989.71)	－	0	5,272	288 (－)
新名古屋オフィス他 (愛知県名古屋市中村区他) (注2)(注3)	ＳＩ事業 ファシリティ事業	一般管理設備 生産設備	8,822	380	14,394 (39,730.79)	－	7,135	30,733	6,050 (56)
社宅・保養所 (千葉県我孫子市他) (注2)(注3)	ＳＩ事業	福利厚生設備	174	0	654 (7,345.58)	－	－	830	

富士ソフトの会社概況　**47**

(2) 国内子会社

会社名	事業所名(所在地)	セグメントの名称	設備の内容	帳簿価額(百万円)						従業員数(名)
				建物及び構築物	工具、器具備品及び車両運搬具	土地(面積㎡)	リース資産	その他	合計	
サイバーコム㈱ (注2)	本社他(宮城県仙台市青葉区他)	SI事業 ファシリティ事業	一般管理設備 生産設備	961	66	1,406 (975.11)	－	12	2,447	1,225 (8)
㈱ヴィンクス	本社他(大阪府大阪市北区他)	SI事業	一般管理設備 生産設備	520	308	－	1	1,275	2,106	1,474 (135)
サイバネットシステム㈱ (注2)(注3)	本社他(東京都千代田区他)	SI事業	一般管理設備 生産設備	76	262	－	3	1,007	1,350	669 (98)
富士ソフトサービスビューロ㈱他 (注2)(注3)	本社他(東京都墨田区他)	SI事業 その他	一般管理設備 生産設備	369	727	329 (2,825.49)	1	636	2,064	4,579 (3,764)

(3) 在外子会社

2022年12月31日現在

会社名	事業所名(所在地)	セグメントの名称	設備の内容	帳簿価額(百万円)						従業員数(名)
				建物及び構築物	工具、器具備品及び車両運搬具	土地(面積㎡)	リース資産	その他	合計	
富士軟件科技(山東)有限公司	本社(中国山東省済南市)	SI事業	生産設備	3	5	－	－	10	19	136 (21)

(注) 1 帳簿価額のうち「その他」は，建設仮勘定及び無形固定資産の合計であります。なお，金額には消費税等を含んでおりません。
2 建物の全部または一部を賃借しております。
3 建物の全部または一部を賃貸しております。
4 現在休止中の主要な設備はありません。
5 従業員数欄の（内書）は，臨時従業員の当連結会計年度における平均雇用数であります。
6 臨時従業員数には，パートタイマー及び嘱託契約の従業員を含み，派遣社員を除いております。

(point) **事業等のリスク**

「対処すべき課題」の次に重要な項目。新規参入により長期的に価格競争が激しくなり企業の体力が奪われるようなことがあるため，その事業がどの程度参入障壁が高く安定したビジネスなのかなど考えるきっかけになる。また，規制や法律，訴訟なども企業によっては大きな問題になる可能性があるため，注意深く読む必要がある。

3　設備の新設，除却等の計画

（1）　重要な設備の新設等 ···

事業所名 （所在地）	セグメント 名称	設備の内容	投資予定額		資金調達 方法	着手年月	完了予定 年月	完成後の 増加能力
			総　額 （百万円）	既支払額 （百万円）				
汐留ビル建設　A棟 （東京都港区東新橋）	SI事業	建物	11,000	7,441	借入金	2020年2月	2023年9月	－
新名古屋ビル建設 （愛知県名古屋市中村区 名駅）	SI事業	建物	4,730	3,345	自己資金	2021年7月	2023年1月	－
新福岡ビル建設 （福岡県福岡市博多区博 多駅）	SI事業	建物	3,429	－	自己資金	2023年3月	2024年7月	－

（注）　上記の金額に消費税は含まれておりません。

（2）　重要な設備の除却等 ···

　経常的な設備の更新のための除却等を除き，重要な設備の除却等の計画はありません。

提出会社の状況

1　株式等の状況

（1）　株式の総数等 ···

①　株式の総数

種類	発行可能株式総数（株）
普通株式	130,100,000
計	130,100,000

②　発行済株式

種類	事業年度末現在 発行数（株） （2022年12月31日）	提出日現在 発行数（株） （2023年3月20日）	上場金融商品取引所名 又は登録認可金融 商品取引業協会名	内容
普通株式	33,700,000	33,700,000	東京証券取引所 （プライム市場）	単元株式数は100株であ ります。
計	33,700,000	33,700,000	－	－

■ 経理の状況

1 連結財務諸表及び財務諸表の作成方法について ………………………………

(1) 当社の連結財務諸表は、「連結財務諸表の用語，様式及び作成方法に関する規則」（1976年大蔵省令第28号。以下「連結財務諸表規則」という。）に基づいて作成しております。

(2) 当社の財務諸表は、「財務諸表等の用語，様式及び作成方法に関する規則」（1963年大蔵省令第59号。以下「財務諸表等規則」という。）に基づいて作成しております。

　また，当社は，特例財務諸表提出会社に該当し，財務諸表等規則第127条の規定により財務諸表を作成しております。

2 監査証明について ………………………………………………………………

　当社は，金融商品取引法第193条の2第1項の規定に基づき，連結会計年度（2022年1月1日から2022年12月31日まで）の連結財務諸表及び事業年度（2022年1月1日から2022年12月31日まで）の財務諸表について，太陽有限責任監査法人の監査を受けております。

3 連結財務諸表等の適正性を確保するための特段の取組みについて …………

　当社は，連結財務諸表等の適正性を確保するための特段の取組みを行っております。具体的には，会計基準等の内容，変更等について適正に判断し対応できる体制を整備するため，公益財団法人財務会計基準機構へ加入しております。また，同機構の行う研修等に参加しております。

1 連結財務諸表等

（1） 連結財務諸表 ···

① 連結貸借対照表

（単位：百万円）

		前連結会計年度 （2021年12月31日）		当連結会計年度 （2022年12月31日）
資産の部				
流動資産				
現金及び預金		40,351		32,736
受取手形及び売掛金	※4	57,352		－
受取手形、売掛金及び契約資産		－	※1，※4	56,634
有価証券		5,000		8,500
商品		1,378		1,732
仕掛品	※5	3,034	※5	3,763
原材料及び貯蔵品		37		55
その他		4,177		9,421
貸倒引当金		△202		△113
流動資産合計		111,128		112,730
固定資産				
有形固定資産				
建物及び構築物		58,111		59,733
減価償却累計額		△30,945		△32,125
建物及び構築物（純額）		27,166		27,607
土地	※3	53,173	※3	55,892
建設仮勘定		7,030		12,979
その他		14,274		13,041
減価償却累計額		△11,300		△10,360
その他（純額）		2,973		2,680
有形固定資産合計		90,344		99,160
無形固定資産				
のれん		385		336
ソフトウエア		4,115		5,050
その他		47		39
無形固定資産合計		4,547		5,426
投資その他の資産				
投資有価証券	※2	8,355	※2	7,693
退職給付に係る資産		6,001		7,274
繰延税金資産		2,968		3,454
その他		5,591		5,117
貸倒引当金		△21		△20
投資その他の資産合計		22,894		23,518
固定資産合計		117,786		128,104
資産合計		228,915		240,835

	前連結会計年度 （2021年12月31日）	当連結会計年度 （2022年12月31日）
負債の部		
流動負債		
支払手形及び買掛金	12,947	14,083
短期借入金	4,738	12,141
1年内返済予定の長期借入金	14,724	5,714
未払費用	5,137	5,503
未払法人税等	5,247	2,828
賞与引当金	6,834	7,470
役員賞与引当金	279	286
工事損失引当金	※4 277	※4 421
事業撤退損失引当金	52	30
助成金返還引当金	443	429
補償損失引当金	－	212
その他	17,336	※6 22,823
流動負債合計	68,018	71,945
固定負債		
長期借入金	9,366	8,783
役員退職慰労引当金	542	410
退職給付に係る負債	5,782	4,504
その他	2,237	2,447
固定負債合計	17,928	16,145
負債合計	85,946	88,091
純資産の部		
株主資本		
資本金	26,200	26,200
資本剰余金	28,979	29,089
利益剰余金	82,645	91,020
自己株式	△4,748	△4,593
株主資本合計	133,076	141,717
その他の包括利益累計額		
その他有価証券評価差額金	1,709	1,224
繰延ヘッジ損益	△0	△0
土地再評価差額金	※2 △8,228	※2 △8,228
為替換算調整勘定	246	485
退職給付に係る調整累計額	△1,756	△1,149
その他の包括利益累計額合計	△8,029	△7,668
新株予約権	620	646
非支配株主持分	17,300	18,049
純資産合計	142,968	152,744
負債純資産合計	228,915	240,835

② 連結損益計算書及び連結包括利益計算書

連結損益計算書

（単位：百万円）

	前連結会計年度 （自 2021年 1 月 1 日 至 2021年12月31日）		当連結会計年度 （自 2022年 1 月 1 日 至 2022年12月31日）	
売上高		257,891	※1	278,783
売上原価	※2, ※3	201,055	※2, ※3	217,216
売上総利益		56,835		61,567
販売費及び一般管理費				
広告宣伝費		282		353
役員報酬		886		937
従業員給料		18,196		19,542
賞与引当金繰入額		1,507		1,502
退職給付費用		883		901
法定福利費		3,156		3,386
役員退職慰労引当金繰入額		78		56
役員賞与引当金繰入額		279		286
福利厚生費		1,043		1,259
採用研修費		1,145		1,442
旅費及び交通費		243		380
事務用品費		803		1,247
支払手数料		807		921
地代家賃		1,024		1,084
租税公課		1,916		1,926
貸倒引当金繰入額		△0		9
減価償却費		633		608
調査研究費		628		577
事務委託費		3,435		3,711
のれん償却額		59		61
その他		2,986		3,097
販売費及び一般管理費合計	※3	39,997	※3	43,294
営業利益		16,838		18,272
営業外収益				
受取利息		79		109
受取配当金		217		209
持分法による投資利益		176		35
為替差益		578		620
助成金収入		92		34
システムサービス解約収入		－		100
その他		146		146
営業外収益合計		1,291		1,255
営業外費用				
支払利息		58		49
固定資産除却損		46		104
システム障害対応費用		22		83
その他		26		86
営業外費用合計		153		323
経常利益		17,976		19,205

	前連結会計年度 （自 2021年1月1日 至 2021年12月31日）	当連結会計年度 （自 2022年1月1日 至 2022年12月31日）
特別利益		
投資有価証券売却益	2,759	4
貸倒引当金戻入額	125	94
退職給付引当金戻入額	－	80
新株予約権戻入益	11	－
受取和解金	54	－
その他	－	11
特別利益合計	2,951	190
特別損失		
減損損失	※4　557	※4　620
固定資産除却損	77	－
投資有価証券評価損	63	－
関係会社株式売却損	2,169	－
事業整理損失引当金繰入額	8	47
貸倒引当金繰入額	94	－
事務所移転費用	※5　2	※5　66
感染症対策費	164	99
補償損失引当金繰入額	－	212
その他	123	64
特別損失合計	3,261	1,111
税金等調整前当期純利益	17,666	18,284
法人税、住民税及び事業税	6,988	4,931
法人税等調整額	△659	△35
法人税等合計	6,329	4,896
当期純利益	11,337	13,388
非支配株主に帰属する当期純利益	2,206	2,009
親会社株主に帰属する当期純利益	9,130	11,379

連結包括利益計算書

（単位：百万円）

	前連結会計年度 （自 2021年1月1日 至 2021年12月31日）	当連結会計年度 （自 2022年1月1日 至 2022年12月31日）
当期純利益	11,337	13,388
その他の包括利益		
その他有価証券評価差額金	△2,356	△489
繰延ヘッジ損益	0	－
為替換算調整勘定	484	385
退職給付に係る調整額	149	636
持分法適用会社に対する持分相当額	85	18
その他の包括利益合計	※1　△1,637	※1　551
包括利益	9,700	13,939
（内訳）		
親会社株主に係る包括利益	7,308	11,688
非支配株主に係る包括利益	2,391	2,251

③　連結株主資本等変動計算書

前連結会計年度（自　2021年1月1日　至　2021年12月31日）

（単位：百万円）

| | 株主資本 | | | | | その他の包括利益累計額 | |
	資本金	資本剰余金	利益剰余金	自己株式	株主資本合計	その他有価証券評価差額金	繰延ヘッジ損益
当期首残高	26,200	28,808	74,868	△4,868	125,008	3,994	△0
当期変動額							
剰余金の配当			△1,534		△1,534		
親会社株主に帰属する当期純利益			9,130		9,130		
自己株式の取得				△1	△1		
自己株式の処分		206		120	327		
譲渡制限付株式報酬		2			2		
連結範囲の変動			181		181		
非支配株主との取引に係る親会社の持分変動		△37			△37		
株主資本以外の項目の当期変動額（純額）						△2,285	－
当期変動額合計	－	170	7,777	119	8,068	△2,285	－
当期末残高	26,200	28,979	82,645	△4,748	133,076	1,709	△0

| | その他の包括利益累計額 | | | | 新株予約権 | 非支配株主持分 | 純資産合計 |
	土地再評価差額金	為替換算調整勘定	退職給付に係る調整累計額	その他の包括利益累計額合計			
当期首残高	△8,047	△53	△1,918	△6,025	566	15,613	135,163
当期変動額							
剰余金の配当							△1,534
親会社株主に帰属する当期純利益							9,130
自己株式の取得							△1
自己株式の処分							327
譲渡制限付株式報酬							2
連結範囲の変動							181
非支配株主との取引に係る親会社の持分変動							△37
株主資本以外の項目の当期変動額（純額）	△180	299	161	△2,003	54	1,686	△262
当期変動額合計	△180	299	161	△2,003	54	1,686	7,805
当期末残高	△8,228	246	△1,756	△8,029	620	17,300	142,968

当連結会計年度（自　2022年1月1日　至　2022年12月31日）

（単位：百万円）

	株主資本					その他の包括利益累計額	
	資本金	資本剰余金	利益剰余金	自己株式	株主資本合計	その他有価証券評価差額金	繰延ヘッジ損益
当期首残高	26,200	28,979	82,645	△4,748	133,076	1,709	△0
会計方針の変更による累積的影響額			△493		△493		
会計方針の変更を反映した当期首残高	26,200	28,979	82,152	△4,748	132,583	1,709	△0
当期変動額							
剰余金の配当			△2,510		△2,510		
親会社株主に帰属する当期純利益			11,379		11,379		
自己株式の取得				△1	△1		
自己株式の処分		164		156	321		
非支配株主との取引に係る親会社の持分変動		△54			△54		
株主資本以外の項目の当期変動額（純額）						△484	－
当期変動額合計	－	110	8,868	154	9,133	△484	－
当期末残高	26,200	29,089	91,020	△4,593	141,717	1,224	△0

	その他の包括利益累計額				新株予約権	非支配株主持分	純資産合計
	土地再評価差額金	為替換算調整勘定	退職給付に係る調整累計額	その他の包括利益累計額合計			
当期首残高	△8,228	246	△1,756	△8,029	620	17,300	142,968
会計方針の変更による累積的影響額						△413	△906
会計方針の変更を反映した当期首残高	△8,228	246	△1,756	△8,029	620	16,886	142,061
当期変動額							
剰余金の配当							△2,510
親会社株主に帰属する当期純利益							11,379
自己株式の取得							△1
自己株式の処分							321
非支配株主との取引に係る親会社の持分変動							△54
株主資本以外の項目の当期変動額（純額）	－	238	606	360	26	1,162	1,549
当期変動額合計	－	238	606	360	26	1,162	10,682
当期末残高	△8,228	485	△1,149	△7,668	646	18,049	152,744

④ 連結キャッシュ・フロー計算書

(単位:百万円)

	前連結会計年度 (自 2021年1月1日 至 2021年12月31日)	当連結会計年度 (自 2022年1月1日 至 2022年12月31日)
営業活動によるキャッシュ・フロー		
税金等調整前当期純利益	17,666	18,284
減価償却費	5,481	4,072
減損損失	557	620
感染症対策費	164	99
のれん償却額	59	61
工事損失引当金の増減額(△は減少)	10	121
退職給付に係る負債の増減額(△は減少)	△43	△178
退職給付に係る資産の増減額(△は増加)	△513	△572
退職給付信託の設定額	—	△1,000
持分法による投資損益(△は益)	△176	△35
支払利息	58	49
為替差損益(△は益)	△561	△470
投資有価証券売却損益(△は益)	△2,759	△0
固定資産除却損	77	—
投資有価証券評価損益(△は益)	63	—
関係会社株式売却損益(△は益)	2,169	—
事務所移転費用	2	66
売上債権の増減額(△は増加)	△5,251	—
売上債権及び契約資産の増減額(△は増加)		264
棚卸資産の増減額(△は増加)	1,002	△1,096
仕入債務の増減額(△は減少)	364	1,362
前払費用の増減額(△は増加)	△1,145	△2,936
未払金の増減額(△は減少)	749	579
未払消費税等の増減額(△は減少)	587	△514
未払人件費の増減額(△は減少)	1,012	570
長期前払費用の増減額(△は増加)	1,151	1,035
その他	129	515
小計	20,856	20,897
利息及び配当金の受取額	298	318
利息の支払額	△59	△49
法人税等の支払額	△4,987	△7,527
事業撤退損の支払額	△40	△22
感染症対策費の支払額	△160	△97
営業活動によるキャッシュ・フロー	15,907	13,519
投資活動によるキャッシュ・フロー		
定期預金の預入による支出	△7,262	△9,828
定期預金の払戻による収入	10,214	10,834
有形固定資産の取得による支出	△3,531	△9,274
無形固定資産の取得による支出	△3,204	△3,010
有価証券の取得による支出	—	△4,500
投資有価証券の取得による支出	△0	△0
投資有価証券の売却による収入	3,891	0
関係会社株式の売却による収入	4,330	—
連結の範囲の変更を伴う子会社株式の取得による収入	—	144
その他	456	113
投資活動によるキャッシュ・フロー	4,894	△15,522

	前連結会計年度 （自 2021年 1月 1日 至 2021年12月31日）	当連結会計年度 （自 2022年 1月 1日 至 2022年12月31日）
財務活動によるキャッシュ・フロー		
短期借入れによる収入	6,765	13,000
短期借入金の返済による支出	△22,752	△5,599
長期借入れによる収入	3,580	5,000
長期借入金の返済による支出	△3,444	△14,765
自己株式の取得による支出	△1	△1
配当金の支払額	△1,535	△2,508
非支配株主への配当金の支払額	△635	△790
連結の範囲の変更を伴わない子会社株式の取得による支出	△93	△4
リース債務の返済による支出	△23	△4
その他	268	△236
財務活動によるキャッシュ・フロー	△17,871	△5,911
現金及び現金同等物に係る換算差額	496	123
現金及び現金同等物の増減額（△は減少）	3,425	△7,789
現金及び現金同等物の期首残高	37,450	40,876
現金及び現金同等物の期末残高	※1 40,876	※1 33,086

【注記事項】

（継続企業の前提に関する事項）

該当事項はありません。

（連結財務諸表作成のための基本となる重要な事項）

1　連結の範囲に関する事項 ･･････････････････････････････････････

（1）　連結子会社の数及び名称 ･･････････････････････････････････

連結子会社は31社であり，以下のとおりであります。（前連結会計年度31社）

イデア・コンサルティング（株）

（株）ヴィンクス

（株）オーエー研究所

サイバーコム（株）

サイバネットシステム（株）

WATERLOO MAPLE INC.

（株）東証コンピュータシステム

富士ソフトサービスビューロ（株）

富士ソフト・ティッシュエンジニアリング（株）

富士軟件科技（山東）有限公司

他21社

上記のうち，他1社については，当社連結子会社である（株）ヴィンクスが株式を取得し子会社化したことに伴い，連結の範囲に含めております。

また，当社連結子会社であるサイバネットシステム（株）の連結子会社のうち1社は当連結会計年度末までに清算したため，連結の範囲から除外しております。

(2)　非連結子会社の数及び名称　···

非連結子会社は3社であり，以下のとおりであります。（前連結会計年度2社）

富士ソフト企画（株）

他2社

(3)　連結の範囲から除いた理由　··

非連結子会社は，小規模であり，合計の総資産，売上高，当期純損益（持分に見合う額）及び利益剰余金（持分に見合う額）等は，連結財務諸表に重要な影響を及ぼしていないためであります。

2　持分法の適用に関する事項　···

持分法の適用会社は3社であり，以下のとおりであります。（前連結会計年度3社）

(1)　持分法を適用した非連結子会社数及び名称　·····························

持分法を適用した非連結子会社数は2社であり，以下のとおりであります。（前連結会計年度2社）

富士ソフト企画（株）

FUJISOFT America,Inc.

(2)　持分法を適用した関連会社数及び名称　·································

持分法を適用した関連会社数は1社であり，以下のとおりであります。（前連

結会計年度1社）

　　　（株）日本ビジネスソフト

(3)　持分法を適用しない非連結子会社及び関連会社 ·····························

　　特記すべき主要な非連結子会社及び関連会社はありません。

(4)　持分法適用の範囲から除いた理由 ····································

　　持分法を適用していない非連結子会社及び関連会社は，当期純損益（持分に見
合う額）及び利益剰余金（持分に見合う額）等に及ぼす影響が軽微であるため，持
分法の適用から除外しております。

**(5)　持分法適用会社のうち，決算日が連結決算日と異なる会社については，連
結決算日現在で実施した仮決算に基づく財務諸表を使用しております。** ·········

3　連結子会社の事業年度等に関する事項 ·····························

　　連結子会社のうち，（株）ヴィンクスの子会社1社の期末決算日は3月31日で
あります。その他30社の期末決算日は12月31日であります。

　　連結財務諸表を作成するにあたり，決算日が連結決算日と異なる会社について
は，連結決算日現在で実施した仮決算に基づく連結財務諸表を使用しております。

4　会計方針に関する事項 ··

(1)　重要な資産の評価基準及び評価方法 ································

① **有価証券**

　a　満期保有目的の債券

　　償却原価法（定額法）

　b　その他有価証券

　　（市場価格のない株式等以外のもの）

　　　決算期末日の市場価格等に基づく時価法（評価差額は全部純資産直入法に
より処理し，売却原価は移動平均法により算定）

（市場価格のない株式等）

　　移動平均法による原価法

② **デリバティブ**

　時価法

③ **棚卸資産**

　評価基準は原価法（収益性の低下による簿価切下げの方法）

　a　商品

　　移動平均法による原価法

　b　仕掛品

　　個別法による原価法

　c　原材料

　　移動平均法による原価法

　d　貯蔵品

　　個別法による原価法

（2）　重要な減価償却資産の減価償却の方法 ･･････････････････････････････････

① **有形固定資産（リース資産を除く）**

　定額法

　なお，主な耐用年数は，以下のとおりであります。

　建物及び構築物　　　　　　2〜50年

　機械装置及び車両運搬具　2〜20年

　工具，器具及び備品　　　　2〜20年

② **無形固定資産（リース資産を除く）**

　a　市場販売目的のソフトウェア

　　見込販売期間（3年以内）における見込販売数量または見込販売収益に基づく償却額と販売可能な残存有効期間に基づく均等配分額を比較し，いずれか大きい額を計上する方法

　b　自社利用目的のソフトウェア

　　社内における利用可能期間（5年）に基づく定額法

c　その他

　　定額法

③　リース資産

　　所有権移転外ファイナンス・リース取引に係るリース資産については，リース期間を耐用年数とし，残存価額を零として算定する定額法によっております。

④　投資その他の資産（長期前払費用）

　　定額法

(3)　重要な引当金の計上基準 ....

①　貸倒引当金

　　連結会計年度末現在に有する金銭債権の貸倒損失に備えるため，一般債権については貸倒実績率により，貸倒懸念債権等特定の債権については個別に回収可能性を検討し，回収不能見込額を計上しております。

②　賞与引当金

　　従業員の賞与の支給に備えるため，支給見込額のうち，当連結会計年度に見合う分を計上しております。

③　役員賞与引当金

　　役員の賞与の支給に備えるため，支給見込額のうち，当連結会計年度に見合う分を計上しております。

④　工事損失引当金

　　受注制作ソフトウェア開発に係る将来の損失に備えるため，当連結会計年度末における受注制作ソフトウェア開発のうち，損失の発生が見込まれ，かつ，その金額を合理的に見積もることができる契約について，損失見込額を計上しております。

⑤　事業撤退損失引当金

　　事業の撤退に伴い，今後発生が予想される損失について，合理的に見込まれる金額を計上しております。

⑥　助成金返還引当金

　　助成金返還に備えるため，助成金返還見込額を計上しております。

⑦　**役員退職慰労引当金**

　連結子会社の一部は，役員の退職慰労金の支給に備えるため，内規に基づく期末要支給額を計上しております。

⑧　**補償損失引当金**

　受注制作ソフトウェア開発に係る損害補償に備えるため，当連結会計年度末における損失見込額を計上しております。

(4)　退職給付に係る会計処理の方法 ···

①　**退職給付見込額の期間帰属方法**

　退職給付算定にあたり，退職給付見込額を当連結会計年度末までの期間に帰属させる方法については，主に期間定額基準によっております。

②　**数理計算上の差異及び過去勤務費用の費用処理方法**

　数理計算上の差異については，各連結会計年度の発生時における従業員の平均残存勤務期間以内の一定の年数による定額法により，発生の翌連結会計年度より費用処理しております。

　過去勤務費用については，その発生時の従業員の平均残存勤務期間以内の一定の年数による定額法により費用処理しております。

(5)　重要な収益及び費用の計上基準 ···

　当社グループの顧客との契約から生じる収益に関する主要な事業における主な履行義務の内容及び当該履行義務を充足する通常時点（収益を認識する通常の時点）は以下の通りであります。

①　**SI事業**

　機械制御系，自動車関連等に関する組込／制御系ソフトウェア開発，各業種で使用する業務系ソフトウェア開発，プロダクト・サービス及びシステムの構築・保守・運用サービス等全般を行っております。

　SI事業の一部の取引について，顧客への財又はサービスの提供における当社グループの役割が代理人に該当する取引については，純額で収益を認識しております。

システム構築のうち，請負契約など成果物の引渡し義務を伴う受注制作ソフトウェア開発につきましては，契約に基づく開発作業を進めるにつれて顧客に対する履行義務が充足されていくと判断されることから，契約における取引開始日から完全に履行義務を充足すると見込まれる時点までの期間がごく短い場合を除き，履行義務の充足に係る進捗度に基づき，一定の期間にわたり収益を認識しております。履行義務の進捗度の見積りは総製造原価の見積りに対する当連結会計年度末までに発生した製造原価の割合によって算出しております。

また，準委任契約など成果物の納品義務のないサービスにつきましては，契約期間の経過に応じてサービス提供が行われ，期間の経過につれて履行義務が充足されていくと判断されることから，契約における取引開始日から完全に履行義務を充足すると見込まれる時点までの期間がごく短い場合を除き，期間経過に応じて，一定期間にわたり収益を認識しております。

プロダクト・サービスのうち，ライセンス及びハードウェア等の物品販売につきましては，顧客に商品を納入した時点で商品への支配は顧客に移転し，履行義務が充足されると判断されることから，当該時点で収益を認識しております。

また，一部の連結子会社で提供しているソフトウェアのメンテナンスサービスについて，顧客に移転する履行義務を充足するにつれて一定の期間にわたり収益を認識しております。また，単一の契約において，ライセンスの供与とメンテナンスサービスが含まれる場合には，ライセンス供与とメンテナンスサービスごとに履行義務を識別し，独立販売価格の比率に基づきそれぞれの履行義務に取引価格を配分し，それぞれの収益を認識しております。

② **ファシリティ事業**

オフィスビルの賃貸等を行っております。

不動産の賃貸収入は，企業会計基準第13号「リース取引に関する会計基準」に従い会計処理をしており，賃貸借期間にわたり収益を認識しております。

(6) 重要なヘッジ会計の方法 ·······························

① **ヘッジ会計の方法**

原則として繰延ヘッジ処理によっております。なお，振当処理の要件を満たし

ている為替予約については振当処理，特例処理の要件を満たしている金利スワップについては特例処理を適用しております。

② **ヘッジ手段とヘッジ対象**

（ヘッジ手段）

金利スワップ，為替予約及び通貨オプション

（ヘッジ対象）

借入金，外貨建債権債務

③ **ヘッジ方針**

外貨建取引の為替相場変動リスクを回避する目的で為替予約取引を行い，また，借入金の金利変動リスクを回避する目的で金利スワップ取引を行い，投機的な取引は行わないものとします。

④ **ヘッジ有効性評価の方法**

ヘッジ対象の相場変動，キャッシュ・フロー変動の累計とヘッジ手段の相場変動，キャッシュ・フロー変動の累計を比較し，その変動額の比率によって有効性を評価しております。

また，ヘッジ対象とヘッジ手段の重要な条件が同一である場合には，有効性の評価を省略しております。

(7) のれんの償却方法及び償却期間

のれんの償却については，合理的に見積もった効果発現期間（3〜15年）による均等償却を行っております。ただし，金額が僅少の場合は，発生時に一括償却しております。

(8) 連結キャッシュ・フロー計算書における資金の範囲

連結キャッシュ・フロー計算書における資金（現金及び現金同等物）は，手許資金，随時引出し可能な預金及び容易に換金可能であり，かつ，価値の変動について僅少なリスクしか負わない取得日から3ヶ月以内に償還期限の到来する短期投資からなっております。

（重要な会計上の見積り）

1．履行義務の充足に係る進捗度に基づき一定の期間にわたり認識する収益 ……

（1） 当連結会計年度の連結財務諸表に計上した金額 ………………………

（百万円）

	前連結会計年度	当連結会計年度
当連結会計年度売上高（期末時点において進行中の金額）	8,212	8,443

（2） 識別した項目に係る重要な会計上の見積りの内容に関する情報 ……………

　当社グループは，請負契約など成果物の引渡し義務を伴う受注制作ソフトウェ
ア開発において，契約における取引開始日から完全に履行義務を充足すると見込
まれる時点までの期間がごく短い場合を除き，履行義務の充足に係る進捗度に基
づき，一定の期間にわたり収益を認識しております。

　履行義務の進捗度の見積りは総製造原価の見積りに対する当連結会計年度末ま
でに発生した製造原価の割合によって算出しております。　履行義務の充足に係
る進捗度に基づき一定の期間にわたり認識する収益の計上にあたっては，履行義
務の充足に係る進捗度について，受注総額及び総製造原価の見積りに大きく依存
しており，契約及び見積りの管理や計画管理の正確性が求められております。受
注総額及び総製造原価の見積りについて，実績との乖離が発生した場合は見直し
を行い収益計上の精度を確保しておりますが，適切な対応が遅れた場合には当社
グループの経営成績に影響を及ぼす可能性があります。

2．工事損失引当金 ……………………………………………………………………

（1） 当連結会計年度の連結財務諸表に計上した金額 ………………………

（百万円）

	前連結会計年度	当連結会計年度
工事損失引当金	277	421

（2） 識別した項目に係る重要な会計上の見積りの内容に関する情報 ……………

　当社グループは，受注制作ソフトウェア開発に係る将来の損失に備えるため，
当連結会計年度末における受注制作ソフトウェア開発のうち，損失の発生が見込

まれ，かつ，その金額を合理的に見積もることができる契約について，損失見込額を計上しております。損失見込額については，見積りの合理性及びプロジェクト進捗報告による開発進捗・原価発生状況のモニタリング，完成後の品質確認等のプロジェクト管理体制を整備しており，見込額計上の精度を確保しております。しかしながら，想定できなかった原価の発生等により，当初の見積りを超える原価が発生する場合には当社グループの経営成績に影響を及ぼす可能性があります。

（会計方針の変更）
　（収益認識に関する会計基準等の適用）
　「収益認識に関する会計基準」（企業会計基準第29号2020年3月31日。以下「収益認識会計基準」という。）等を当連結会計年度の期首から適用し，約束した財又はサービスの支配が顧客に移転した時点で，当該財又はサービスと交換に受け取ると見込まれる金額で収益を認識することといたしました。
　収益認識会計基準等の適用による主な変更点は以下のとおりであります。

（1）　本人及び代理人取引に係る収益認識
　　SI事業の一部の取引について，従来は，総額で収益として認識しておりましたが，顧客への財又はサービスの提供における当社グループの役割が代理人に該当する取引については，純額で収益を認識する方法に変更しております。
（2）　一定期間にわたり充足される履行義務
　　・受注制作ソフトウェア開発に係る収益の認識時期について，従来は，進捗部分について成果の確実性が認められる契約の場合は工事進行基準（進捗率の見積りは原価比例法）を，その他の場合については完成基準を適用しており，これを，当連結会計年度の期首より，契約における取引開始日から完全に履行義務を充足すると見込まれる時点までの期間がごく短い場合を除き，財又はサービスに対する支配が顧客に一定の期間にわたり移転する場合には，財又はサービスを顧客に移転する履行義務を充足するにつれて，一定の期間にわたり売上計上する方法に変更しております。

・成果物の納品義務のない準委任契約により提供するサービスについて，従来は，サービス提供の完了をもって売上計上しておりました。これを，当連結会計年度の期首より，契約における取引開始日から完全に履行義務を充足すると見込まれる時点までの期間がごく短い場合を除き，財又はサービスに対する支配が顧客に一定の期間にわたり移転する場合には，財又はサービスを顧客に移転する履行義務を充足するにつれて，一定の期間にわたり売上計上する方法に変更しております。

・一部の連結子会社で提供しているソフトウェアのメンテナンスサービスについて，従来は，主として契約開始時点で収益を認識しておりました。これを，当連結会計年度の期首より，契約期間にわたり収益を認識する処理に変更しております。

(3) 取引価格の配分

一部の連結子会社において，ライセンスの供与とメンテナンスサービスが含まれる単一の契約について，ライセンスの供与とメンテナンスサービスごとに履行義務を識別し，独立販売価格の比率に基づきそれぞれの履行義務に取引価格を配分する方法に変更しております。

収益認識会計基準等の適用については，収益認識会計基準第84項ただし書きに定める経過的な取扱いに従っており，当連結会計年度の期首より前に新たな会計方針を遡及適用した場合の累積的影響額を，当連結会計年度の期首の利益剰余金に加減し，当該期首残高から新たな会計方針を適用しております。

この結果，当連結会計年度の売上高は201百万円減少し，売上原価は105百万円減少し，営業利益，経常利益及び税金等調整前当期純利益はそれぞれ96百万円減少しております。また，利益剰余金の当期首残高は493百万円，非支配株主持分は413百万円減少しております。なお，1株当たり情報に与える影響は軽微であります。

収益認識会計基準等を適用したため，前連結会計年度の連結貸借対照表において，「流動資産」に表示していた「受取手形及び売掛金」は，当連結会計年度より「受取手形，売掛金及び契約資産」に含めて表示することといたしました。また，前連結会計年度の連結キャッシュ・フロー計算書において「営業活動に

よるキャッシュ・フロー」に表示していた「売上債権の増減額（△は増加）」は，当連結会計年度より「売上債権及び契約資産の増減額（△は増加）」に含めて表示することといたしました。なお，収益認識会計基準第89-2項に定める経過的な取扱いに従って，前連結会計年度について新たな表示方法により組替えを行っておりません。さらに，収益認識会計基準第89-3項に定める経過的な取扱いに従って，前連結会計年度に係る「収益認識関係」注記については記載しておりません。

（時価の算定に関する会計基準等の適用）
「時価の算定に関する会計基準」（企業会計基準第30号2019年7月4日。以下「時価算定会計基準」という。）等を当連結会計年度の期首から適用し，時価算定会計基準第19項及び「金融商品に関する会計基準」（企業会計基準第10号2019年7月4日）第44-2項に定める経過的な取扱いに従って，時価算定会計基準等が定める新たな会計方針を，将来にわたって適用することとしております。これによる，連結財務諸表に与える影響はありません。

　また，「金融商品関係」注記において，金融商品の時価のレベルごとの内訳等に関する事項等の注記を行うこととしました。ただし，「金融商品の時価等の開示に関する適用指針」（企業会計基準適用指針第19号2019年7月4日）第7-4項に定める経過的な取扱いに従って，当該注記のうち前連結会計年度に係るものについては記載しておりません。

（未適用の会計基準等）
・「法人税，住民税及び事業税等に関する会計基準」（企業会計基準第27号2022年10月28日企業会計基準委員会）
・「包括利益の表示に関する会計基準」（企業会計基準第25号2022年10月28日企業会計基準委員会）
・「税効果会計に係る会計基準の適用指針」（企業会計基準適用指針第28号2022年10月28日企業会計基準委員会）

(1) 概要

　日本公認会計士協会における税効果会計に関する実務指針を企業会計基準委員会に移管するに際しての審議の過程で，2018年2月の企業会計基準第28号「『税効果会計に係る会計基準』の一部改正」等の公表後に改めて検討を行うこととされた以下の2つの論点について，その検討の結果が公表されたものです。

・税金費用の計上区分（その他の包括利益に対する課税）
・グループ法人税制が適用される場合の子会社株式等（子会社株式又は関連会社株式）の売却に係る税効果

(2) 適用予定日

　2025年12月期の期首から適用します。

(3) 当該会計基準等の適用による影響

　「法人税，住民税及び事業税等に関する会計基準」等の適用による連結財務諸表に与える影響額については，現時点で評価中であります。

（表示方法の変更）

（連結キャッシュ・フロー計算書）

　前連結会計年度において，「営業活動によるキャッシュ・フロー」の「その他」に含めていた「前払費用の増減額（△は増加）」は，金額的重要性が増したため，当連結会計年度より独立掲記することとしました。この表示方法の変更を反映させるため，前連結会計年度の連結財務諸表の組替えを行っております。

　この結果，前連結会計年度の連結キャッシュ・フロー計算書において，「営業活動によるキャッシュ・フロー」の「その他」に表示していた △1,015百万円は，「前払費用の増減額（△は増加）」△1,145百万円，「その他」129百万円として組み替えております。

（追加情報）

（新型コロナウイルス感染症の感染拡大の影響に関する会計上の見積り）

　当社グループでは，連結財務諸表作成時点において入手可能な情報に基づき実

施しております。新型コロナウイルス感染症につきましては，現時点において当社グループの事業及び業績に重要な影響を及ぼすものではありませんが，収束時期等については不確定要素が多く，引き続き今後の動向を注視してまいります。

（役員退職慰労金制度の廃止）
当社は，2022年3月11日開催の定時株主総会において，役員退職慰労金制度廃止に伴う取締役及び監査役に対する退職慰労金の打切り支給を決議いたしました。

これに伴い，当連結会計年度において当社は「役員退職慰労引当金」218百万円を取崩し，当連結会計年度における未払額を長期未払金として固定負債の「その他」に含めて表示しております。

なお，一部の連結子会社につきましては，引き続き役員の退職慰労金支給に備えるため，当連結会計年度末における内規に基づく要支給額を「役員退職慰労引当金」に計上しております。

2 財務諸表等

(1) 財務諸表 ···

① 貸借対照表

(単位：百万円)

	前事業年度 (2021年12月31日)		当事業年度 (2022年12月31日)	
資産の部				
流動資産				
現金及び預金	22,181		10,633	
受取手形	※3	924	※3	459
売掛金	37,477		－	
売掛金及び契約資産	－		※1	38,693
商品	1,089		1,428	
仕掛品	2,372		2,814	
前払費用	1,857		3,505	
その他	834		1,570	
貸倒引当金	△340		△553	
流動資産合計	66,395		58,550	
固定資産				
有形固定資産				
建物	24,953		25,523	
構築物	75		71	
車両運搬具	1		0	
工具、器具及び備品	1,444		1,348	
土地	51,916		54,634	
建設仮勘定	7,033		12,982	
有形固定資産合計	85,425		94,561	
無形固定資産				
ソフトウエア	1,744		2,532	
その他	0		0	
無形固定資産合計	1,744		2,532	
投資その他の資産				
投資有価証券	7,518		6,809	
関係会社株式	8,448		8,453	
長期前払費用	3,091		1,909	
前払年金費用	8,454		9,027	
その他	1,426		1,830	
投資その他の資産合計	28,940		28,029	
固定資産合計	116,110		125,123	
資産合計	182,506		183,674	

（単位：百万円）

	前事業年度 （2021年12月31日）	当事業年度 （2022年12月31日）
負債の部		
流動負債		
買掛金	8,337	10,236
短期借入金	※2　13,755	※2　13,755
1年内返済予定の長期借入金	14,000	5,000
未払金	3,025	5,238
未払費用	3,141	3,568
未払法人税等	3,314	1,849
前受金	2,717	－
前受金及び契約負債	－	2,240
預り金	1,442	1,623
賞与引当金	3,672	4,208
役員賞与引当金	49	49
工事損失引当金	217	146
事業撤退損失引当金	52	30
その他	5,277	5,529
流動負債合計	59,003	53,478
固定負債		
長期借入金	8,500	8,500
繰延税金負債	795	342
役員退職慰労引当金	242	－
その他	1,948	2,176
固定負債合計	11,486	11,018
負債合計	70,489	64,496
純資産の部		
株主資本		
資本金	26,200	26,200
資本剰余金		
資本準備金	28,438	28,438
その他資本剰余金	335	489
資本剰余金合計	28,774	28,928
利益剰余金		
利益準備金	451	451
その他利益剰余金		
圧縮積立金	136	136
別途積立金	17,750	17,750
繰越利益剰余金	49,875	57,183
利益剰余金合計	68,213	75,522
自己株式	△4,745	△4,591
株主資本合計	118,442	126,059
評価・換算差額等		
その他有価証券評価差額金	1,683	1,191
土地再評価差額金	△8,228	△8,228
評価・換算差額等合計	△6,544	△7,037
新株予約権	118	155
純資産合計	112,016	119,178
負債純資産合計	182,506	183,674

② 損益計算書

（単位：百万円）

	前事業年度 （自 2021年1月1日 至 2021年12月31日）	当事業年度 （自 2022年1月1日 至 2022年12月31日）
売上高	175,680	※1 192,271
売上原価	141,609	153,263
売上総利益	34,071	39,007
販売費及び一般管理費	※2 24,417	※2 27,523
営業利益	9,653	11,483
営業外収益		
受取利息	51	63
受取配当金	※3 1,049	※3 1,271
為替差益	635	694
投資有価証券売却益	－	0
その他	57	67
営業外収益合計	1,793	2,096
営業外費用		
支払利息	※3 75	※3 49
固定資産除却損	16	12
その他	1	5
営業外費用合計	94	67
経常利益	11,353	13,512
特別利益		
投資有価証券売却益	※4 2,759	※4 4
関係会社株式売却益	※5 1,102	※5 －
貸倒引当金戻入額	－	94
特別利益合計	3,862	98
特別損失		
減損損失	509	572
固定資産除却損	77	－
投資有価証券評価損	365	－
事務所移転費用	2	32
関係会社貸倒引当金繰入額	240	301
感染症対策費	161	77
その他	180	－
特別損失合計	1,537	983
税引前当期純利益	13,678	12,628
法人税、住民税及び事業税	4,381	3,045
法人税等調整額	△136	△236
法人税等合計	4,244	2,809
当期純利益	9,433	9,818

売上原価明細書

区分	注記番号	前事業年度 （自 2021年1月1日 至 2021年12月31日） 金額(百万円)	構成比 （%）	当事業年度 （自 2022年1月1日 至 2022年12月31日） 金額(百万円)	構成比 （%）
1 労務費					
従業員給与・賞与		36,882		39,178	
退職給付費用		1,151		1,210	
法定福利費		5,239		5,641	
福利厚生費		11 　43,284	39.8	10 　46,042	38.3
2 外注費		45,378	41.7	51,883	43.1
3 経費					
旅費及び交通費		385		392	
通信費		1,246		1,445	
消耗品費		10,112		12,149	
地代家賃		979		882	
減価償却費		3,338		2,222	
その他		4,145 　20,208	18.6	5,241 　22,334	18.6
当期総製造費用		108,871	100.0	120,259	100.0
期首仕掛品棚卸高		2,891		2,372	
合計		111,762		122,631	
他勘定振替高	※1	2,863		2,680	
期末仕掛品棚卸高		2,372		2,814	
期首商品棚卸高		1,870		1,089	
当期商品仕入高		34,284		36,536	
期末商品棚卸高		1,089		1,428	
工事損失引当金繰入		15		△70	
当期売上原価		141,609		153,263	

（注）※1　内訳は，次のとおりであります。

項目	前事業年度（百万円）	当事業年度（百万円）
販売費及び一般管理費	551	581
固定資産	2,311	2,098
計	2,863	2,680

　　※2　原価計算の方法は，実際原価による個別原価計算を採用しております。

③ 株主資本等変動計算書

前事業年度（自　2021年1月1日　至　2021年12月31日）

（単位：百万円）

	株主資本								
	資本金	資本剰余金			利益剰余金				
		資本準備金	その他資本剰余金	資本剰余金合計	利益準備金	その他利益剰余金		繰越利益剰余金	利益剰余金合計
						圧縮積立金	別途積立金		
当期首残高	26,200	28,438	128	28,567	451	136	17,750	41,976	60,314
当期変動額									
剰余金の配当								△1,534	△1,534
当期純利益								9,433	9,433
自己株式の取得									
自己株式の処分			206	206					
株主資本以外の項目の当期変動額（純額）									
当期変動額合計	－	－	206	206	－	－	－	7,898	7,898
当期末残高	26,200	28,438	335	28,774	451	136	17,750	49,875	68,213

	株主資本		評価・換算差額等			新株予約権	純資産合計
	自己株式	株主資本合計	その他有価証券評価差額金	土地再評価差額金	評価・換算差額等合計		
当期首残高	△4,865	110,217	4,030	△8,228	△4,197	155	106,175
当期変動額							
剰余金の配当		△1,534					△1,534
当期純利益		9,433					9,433
自己株式の取得	△1	△1					△1
自己株式の処分	120	327					327
株主資本以外の項目の当期変動額（純額）			△2,347		△2,347	△36	△2,383
当期変動額合計	119	8,225	△2,347	－	△2,347	△36	5,841
当期末残高	△4,745	118,442	1,683	△8,228	△6,544	118	112,016

当事業年度（自　2022年1月1日　至　2022年12月31日）

（単位：百万円）

	株主資本								
	資本金	資本剰余金			利益剰余金				
		資本準備金	その他資本剰余金	資本剰余金合計	利益準備金	その他利益剰余金			利益剰余金合計
						圧縮積立金	別途積立金	繰越利益剰余金	
当期首残高	26,200	28,438	335	28,774	451	136	17,750	49,875	68,213
当期変動額									
剰余金の配当								△2,510	△2,510
当期純利益								9,818	9,818
自己株式の取得									
自己株式の処分			154	154					
株主資本以外の項目の当期変動額（純額）									
当期変動額合計	−	−	154	154	−	−	−	7,308	7,308
当期末残高	26,200	28,438	489	28,928	451	136	17,750	57,183	75,522

	株主資本		評価・換算差額等			新株予約権	純資産合計
	自己株式	株主資本合計	その他有価証券評価差額金	土地再評価差額金	評価・換算差額等合計		
当期首残高	△4,745	118,442	1,683	△8,228	△6,544	118	112,016
当期変動額							
剰余金の配当		△2,510					△2,510
当期純利益		9,818					9,818
自己株式の取得	△1	△1					△1
自己株式の処分	156	310					310
株主資本以外の項目の当期変動額（純額）			△492		△492	36	△455
当期変動額合計	154	7,617	△492	−	△492	36	7,161
当期末残高	△4,591	126,059	1,191	△8,228	△7,037	155	119,178

【注記事項】
　（継続企業の前提に関する事項）
　該当事項はありません。
　（重要な会計方針）
1　有価証券の評価基準及び評価方法 ･･･････････････････････････････････
（1）　満期保有目的の債券 ･･
　償却原価法（定額法）

（2）　子会社株式及び関連会社株式 ･･････････････････････････････････
　移動平均法による原価法

（3）　その他有価証券 ･･･
　（市場価格のない株式等以外のもの）
　　決算期末日の市場価格等に基づく時価法（評価差額は全部純資産直入法に
　　より処理し，売却原価は移動平均法により算定）
　（市場価格のない株式等）
　　移動平均法による原価法

2　デリバティブ等の評価基準及び評価方法 ･･････････････････････････
　デリバティブ時価法

3　棚卸資産の評価基準及び評価方法 ･･･････････････････････････････
　棚卸資産
　　評価基準は原価法（収益性の低下による簿価切下げの方法）によっておりま
　す。
（1）　商品 ･･
　移動平均法による原価法

（2）　仕掛品 ･･
　個別法による原価法

4　固定資産の減価償却の方法 ･･
（1）　有形固定資産（リース資産を除く） ･････････････････････････････
　定額法
　なお，主な耐用年数は，以下のとおりであります。
　建物及び構築物　　　　2〜50年
　車両運搬具　　　　　　5年
　工具，器具及び備品　　2〜20年

（2）　無形固定資産（リース資産を除く） ･･･････････････････････････････
① **市場販売目的のソフトウェア**
　見込販売期間（3年以内）における見込販売数量または見込販売収益に基づく
償却額と販売可能な残存有効期間に基づく均等配分額を比較し，いずれか大きい
額を計上する方法
② **自社利用目的のソフトウェア**
　社内における利用可能期間（5年）に基づく定額法
③ **その他**
　定額法

（3）　投資その他の資産（長期前払費用） ･･･････････････････････････････
　定額法

5　引当金の計上基準 ･･･
（1）　貸倒引当金 ･･
　事業年度末現在に有する金銭債権の貸倒損失に備えるため，一般債権について
は貸倒実績率により，貸倒懸念債権等特定の債権については個別に回収可能性を
検討し，回収不能見込額を計上しております。

(2) 賞与引当金 ···

　従業員の賞与の支給に備えるため，支給見込額のうち，当事業年度に見合う分を計上しております。

(3) 役員賞与引当金 ···

　役員の賞与の支給に備えるため，支給見込額のうち，当事業年度に見合う分を計上しております。

(4) 工事損失引当金 ···

　受注制作ソフトウェア開発に係る将来の損失に備えるため，当事業年度末における受注制作ソフトウェア開発のうち，損失の発生が見込まれ，かつ，その金額を合理的に見積もることができる契約について，損失見込額を計上しております。

(5) 退職給付引当金 ···

　従業員の退職給付に備えるため，当事業年度末における退職給付債務及び年金資産の見込額に基づき，当事業年度末において発生していると認められる額を計上しております。

　当社は，当事業年度末において年金資産の見込額が退職給付債務見込額から未認識数理計算上の差異及び未認識過去勤務費用を控除した額を超過しているため，当該超過額を投資その他の資産の「前払年金費用」に計上しております。

　なお，数理計算上の差異については，発生時における従業員の平均残存勤務期間による定額法により，発生の翌事業年度より費用処理しております。また，過去勤務費用については，その発生時の従業員の平均残存勤務期間以内の一定の年数による定額法により費用処理しております。

(6) 事業撤退損失引当金 ···

　事業の撤退に伴い，今後発生が予想される損失について，合理的に見込まれる金額を計上しております。

6　収益及び費用の計上基準 ···

　当社の顧客との契約から生じる収益に関する主要な事業における主な履行義務の内容及び当該履行義務を充足する通常時点（収益を認識する通常の時点）は以下の通りであります。

①　SI事業

　機械制御系，自動車関連等に関する組込／制御系ソフトウェア開発，各業種で使用する業務系ソフトウェア開発，プロダクト・サービス及びシステムの構築・保守・運用サービス等全般を行っております。

　SI事業の一部の取引について，顧客への財又はサービスの提供における当社の役割が代理人に該当する取引については，純額で収益を認識しております。

　システム構築のうち，請負契約など成果物の引き渡し義務を伴う受注制作ソフトウェア開発につきましては，契約に基づく開発作業を進めるにつれて顧客に対する履行義務が充足されていくと判断されることから，契約における取引開始日から完全に履行義務を充足すると見込まれる時点までの期間がごく短い場合を除き，履行義務の充足に係る進捗度に基づき，一定の期間にわたり収益を認識しております。履行義務の進捗度の見積りは総製造原価の見積りに対する当会計年度末までに発生した製造原価の割合によって算出しております。

　また，準委任契約など成果物の納品義務のないサービスにつきましては，契約期間の経過に応じてサービス提供が行われ，期間の経過につれて履行義務が充足されていくと判断されることから，契約における取引開始日から完全に履行義務を充足すると見込まれる時点までの期間がごく短い場合を除き，期間経過に応じて，一定期間にわたり収益を認識しております。

　プロダクト・サービスのうち，ライセンス及びハードウェア等の物品販売につきましては，顧客に商品を納入した時点で商品への支配は顧客に移転し，履行義務が充足されると判断されることから，当該時点で収益を認識しております。

②　ファシリティ事業

　オフィスビルの賃貸等を行っております。　不動産の賃貸収入は，企業会計基準第13号「リース取引に関する会計基準」に従い会計処理をしており，賃貸借期間にわたり収益を認識しております。

7　ヘッジ会計の方法 ……………………………………………………

(1)　ヘッジ会計の方法 ………………………………………………

　原則として繰延ヘッジ処理によっております。なお，特例処理の要件を満たしている金利スワップについては特例処理によります。

(2)　ヘッジ手段とヘッジ対象 ……………………………………

　（ヘッジ手段）
　金利スワップ
　（ヘッジ対象）
　借入金

(3)　ヘッジ方針 …………………………………………………

　借入金の金利変動リスクを回避する目的で金利スワップ取引を行い，投機的な取引は行わないものとしております。

(4)　ヘッジ有効性評価の方法 ………………………………………

　ヘッジ対象の相場変動または，キャッシュ・フロー変動の累計とヘッジ手段の相場変動，キャッシュ・フロー変動の累計を比較し，その変動額の比率によって有効性を評価しております。

　また，ヘッジ対象とヘッジ手段の重要な条件が同一である場合には，有効性の評価を省略しております

8　その他財務諸表作成のための基本となる重要な事項 ……………………

(1)　退職給付に係る会計処理の方法 ………………………………………

　財務諸表において，会計基準変更時差異，未認識数理計算上の差異及び未認識過去勤務費用の貸借対照表における取扱いが連結財務諸表と異なっております。個別貸借対照表上，退職給付債務に会計基準変更時差異，未認識数理計算上の差異及び未認識過去勤務費用を加減した額から，年金資産の額を控除した額を前払年金費用に計上しております。

（重要な会計上の見積り）

1．履行義務の充足に係る進捗度に基づき一定の期間にわたり認識する収益……

（1）　当連結会計年度の財務諸表に計上した金額………………………………

（百万円）

	前事業年度	当事業年度
当事業年度売上高（期末時点において進行中の金額）	6,359	5,198

（2）　識別した項目に係る重要な会計上の見積りの内容に関する情報…………

　連結財務諸表「注記事項（重要な会計上の見積り）1．履行義務の充足に係る進捗度に基づき一定の期間にわたり認識する収益」に記載した内容と同一であります。

2．工事損失引当金………………………………………………………………

（1）　当連結会計年度の財務諸表に計上した金額………………………………

（百万円）

	前事業年度	当事業年度
工事損失引当金	217	146

（2）　識別した項目に係る重要な会計上の見積りの内容に関する情報…………

　連結財務諸表「注記事項（重要な会計上の見積り）2．工事損失引当金」に記載した内容と同一であります。

（会計方針の変更）

　（収益認識に関する会計基準等の適用）

　「収益認識に関する会計基準」（企業会計基準第29号2020年3月31日。以下「収益認識会計基準」という。）等を当事業年度の期首から適用し，約束した財又はサービスの支配が顧客に移転した時点で，当該財又はサービスと交換に受け取ると見込まれる金額で収益を認識することといたしました。

　収益認識会計基準等の適用による主な変更点は以下のとおりであります。

(1) 本人及び代理人取引に係る収益認識

　　SI事業の一部の取引について，従来は，総額で収益として認識しておりました が，顧客への財又はサービスの提供における当社グループの役割が代理人に 該当する取引については，純額で収益を認識する方法に変更しております。

(2) 一定期間にわたり充足される履行義務

・受注制作ソフトウェア開発に係る収益の認識時期について，従来は，進捗部 分について成果の確実性が認められる契約の場合は工事進行基準（進捗率の 見積りは原価比例法）を，その他の場合については完成基準を適用しており， これを，当事業年度の期首より，契約における取引開始日から完全に履行義 務を充足すると見込まれる時点までの期間がごく短い場合を除き，財又は サービスに対する支配が顧客に一定の期間にわたり移転する場合には，財又 はサービスを顧客に移転する履行義務を充足するにつれて，一定の期間にわ たり売上計上する方法に変更しております。

・成果物の納品義務のない準委任契約により提供するサービスについて，従来 は，サービス提供の完了をもって売上計上しておりました。これを，当事業 年度の期首より，契約における取引開始日から完全に履行義務を充足すると 見込まれる時点までの期間がごく短い場合を除き，財又はサービスに対する 支配が顧客に一定の期間にわたり移転する場合には，財又はサービスを顧客 に移転する履行義務を充足するにつれて，一定の期間にわたり売上計上する 方法に変更しております。

　　収益認識会計基準等の適用については，収益認識会計基準第84項ただし 書きに定める経過的な取扱いに従っておりますが，期首の利益剰余金に与え る影響はありません。

　　収益認識会計基準等を適用したため，前事業年度の貸借対照表において， 「流動資産」に表示していた「売掛金」は，当事業年度より「売掛金及び契約 資産」に，「流動負債」に表示していた「前受金」は，当事業年度より「前受 金及び契約負債」に含めて表示することといたしました。なお，収益認識会 計基準第89-2項に定める経過的な取扱いに従って，前事業年度について新 たな表示方法により組替えを行っておりません。

さらに，収益認識会計基準第89-3項に定める経過的な取扱いに従って，前事業年度に係る「収益認識関係」注記については記載しておりません。

（時価の算定に関する会計基準等の適用）
「時価の算定に関する会計基準」（企業会計基準第30号2019年7月4日。以下「時価算定会計基準」という。）等を当事業年度の期首から適用し，時価算定会計基準第19項及び「金融商品に関する会計基準」（企業会計基準第10号2019年7月4日）第44-2項に定める経過的な取扱いに従って，時価算定会計基準等が定める新たな会計方針を，将来にわたって適用することとしております。これによる，財務諸表に与える影響はありません。

第2章

情報通信・IT業界の "今" を知ろう

企業の募集情報は手に入れた。しかし，それだけではまだ不十分。企業単位ではなく，業界全体を俯瞰する視点は，面接などでもよく問われる重要ポイントだ。この章では直近1年間の運輸業界を象徴する重大ニュースをまとめるとともに，今後の展望について言及している。また，章末には運輸業界における有名企業（一部抜粋）のリストも記載してあるので，今後の就職活動の参考にしてほしい。

▶▶人をつなぐ，世界をつなぐ
情報通信・IT 業界の動向

> 「情報通信・IT」は，情報通信や情報技術に関わる業界である。
> 時代は「パソコン」から，スマートフォン，タブレット端末といっ
> た「モバイル」へとシフトしている。

❖ IT情報サービスの動向

　情報技術 (IT) の適用範囲は，さまざまな企業や職種，そして個人へと加速度的に広がっている。2022年の国内IT市場規模は，前年比3.3％増の6兆734億円となった。ITサービス事業者の業務にリモートワークが定着し，停滞していた商談やプロジェクト，サービス提供が回復したことが要因と見られる。

　引き続きスマートフォンが市場を牽引しているが，今後，海外市場での需要の高まりなどを背景に，設備投資を拡大する組立製造，電力自由化において競争力強化を行う電力／ガス事業，eコマース (EC) がSNSを中心とした新たなチャネルへ移行している情報サービスなどで，高い成長率が期待される。

　また，クラウド化やテレワーク対応などのデジタルトランスフォーメーション (DX) 需要がコロナ禍において急増，コロナ後も需要は継続している。

●グローバルな再編が進むIT企業

　新しいツールを駆使したビジネスにおいて，進化の早い技術に対応し，標準的なプラットフォームを構築するためにも，グローバル化は避けて通れない道である。2016年，世界第3位のコンピューターメーカーの米Dellが，ストレージ（外部記憶装置）最大手のEMCを約8兆円で買収した。この巨大買収によって誕生した新生Dellは，仮想化ソフト，情報セキュリティ，クラウド管理サービスなど事業領域を大幅に拡大する。国内企業では，システム構築で業界トップのNTTデータが，2016年3月にDellのITサービ

ス部門を買収した。買収額は約3500億円で，NTTグループでは過去3番目の大型買収である。NTTデータは，2000年代後半から国内市場の成長鈍化を見据えて，欧米を中心にM＆Aを展開してきた。過去12年間で約6000億円を投じ，50社以上を買収したことで，2006年3月期に95億円だった海外売上高は2018年3月期には9080億となっている。同期の全売上高は2兆1171億円で，半分近くを海外での売上が占めている。また，NTTグループは2016年から，産業ロボット大手のファナックとも協業を開始している。ファナックは，製造業のIoT（Internet of Things＝すべてのもののインターネット化）を実現するためのシステム開発を進めており，この運用開始に向けて，ビジネスの拡大をともに目指している。

ソフトバンクグループもまた，2016年に約3.3兆円で，英半導体設計大手のARMを買収した。日本企業による海外企業買収では，過去最大の規模となる。ARMは，組み込み機器やスマートフォン向けCPUの設計で豊富な実績を持つ企業であり，この買収の狙いも「IoT」にある。あらゆるものをインターネットに接続するためには，携帯電話がスマホになったように，モノ自体をコンピューター化する必要がある。近い将来, IoTが普及すれば，ARM系のCPUがあらゆるものに搭載される可能性につながっていく。

● IoT，ビッグデータ，AI —— デジタル変革の波

IT企業のグローバル化とともに，近年注目を集めているのが「デジタルトランスフォーメーション（デジタル変革）」である。あらゆる情報がIoTで集積され，ビッグデータやAI（人工知能）を駆使して新たな需要を見出し，それに応える革新的なビジネスモデルが次々と登場している。

2022年から2023年にかけて話題をさらったのは，米オープンAI社による「チャットGPT」だった。AIによる自然で高度な会話に大きな注目が集まった。米マイクロソフトは2023年1月にオープンAIへの1兆円規模の追加融資を発表。チャットGPTを組み込んだ検索や文章作成などの新サービスを次々と発表した。

生成AIは従来のAIに比べて性能が飛躍的に向上。前出の文章作成に加え，プログラミングやAIアートなど，その用途は多岐にわたる。今後は生成AIを活用した業務・サービス改善にも注目が集まる。

● サービスのトレンドは，シェアリングエコノミー

シェアリングエコノミーとは，インターネットを通じて個人や企業が保有

している使っていない資産の貸し出しを仲介するサービスのこと。たとえば，自動車を複数人で利用する（ライドシェア），空き家や駐車場，オフィスを有効活用する（スペースシェア）などがある。

　米国のウーバーが提供しているのは「自動車を利用したい人」と「自動車を所有していて空き時間のある人」をマッチングする配車・カーシェアリングサービス。サービスはアプリに集約されており，GPSで利用者の位置情報を把握して，配車する。車の到着時間といった情報もスマートフォンを通して的確に伝えられる。ウーバーには，2017年にソフトバンクが出資しており，2018年10月にはソフトバンクとトヨタ自動車が新しいモビリティサービスの構築に向けた提携で合意，新会社も設立した。国内のライドシェアサービスには，オリックス自動車や三井不動産レアルティなど，駐車場やレンタカー事業を運営していた大手企業も参入している。

　スペースシェアとしては，家の有効活用として，民泊サービスで有名なエアービー・アンド・ビーがある。このほかにも，駐車場のシェアサービスが，パーク24といった駐車場大手企業も参加して始まっている。また，フリマアプリの「メルカリ」やヤフーオークションも，不要物の再活用という意味でモノのシェアといえる。モノをシェア／再活用するニーズは，若者を中心に広がっており，小売大手の丸井グループがブランドバッグのシェアサービス「Laxus」と事業提携するなど，今後，成長が期待できる分野といえる。

❖ 通信サービスの動向

　携帯通信業界は，自前の回線を有するNTTドコモ，KDDI（au），ソフトバンクの3社（キャリア）を中心に伸びてきた。総務省によれば，日本の携帯電話の契約数は2022年3月の時点で2億302万件となっている。スマホの普及により，高齢者や10代の利用者が増加しており，市場としては，引き続き右肩上がりの成長となっている。しかし，その一方で，たとえばソフトバンク全体の事業において，国内の固定・携帯電話で構成される国内通信事業の売上高は，すでに4割を割っている。NTTグループでも，NTTデータとNTT都市開発の売上高が，全体の2割にまで伸びており，ITサービスカンパニーとして軸足を海外事業に移している。KDDIもまた，住友商事と共にモンゴルやミャンマーで携帯事業に参入してトップシェアを獲得す

るなど,海外進出を拡大させている。国内の通信事業は成熟期を迎えており,今後,契約件数の伸びが期待できないなか,大手3社は新たな収益の実現に向けて,事業領域を拡大する段階に入っている。

●楽天モバイル「0円プラン」廃止で競争激化

総務省は,2016年よりNTTドコモ,KDDI（au）,ソフトバンクの携帯大手に対して,高止まりしているサービス料金の引き下げを目的に,スマートフォンの「実質0円販売」の禁止など,さまざまな指導を行ってきた。2019年10月施行の改正電気通信事業法では,通信契約を条件とする2万円以上の端末値引きが禁じられるとともに,途中解約への違約金上限も大幅に下げられた。

なかでも有効な政策となっているのが,格安スマホ業者（MVNO）への支援である。MVNOは,通信インフラを持つ大手3社の回線を借りて,通信や通話サービスを提供する事業者のこと。総務省の後押しなどもあり,MVNOの事業者数は2019年3月の時点で1000社を超えた。また,利用者も着実に増えており,調査会社MM総研によると,格安スマホの契約回線数は,2020年3月末には1500万件を超えた。

モバイル市場全体に占める割合を順調に伸ばしてきたMVNOだが,ここにきてやや苦戦が見られる。大手キャリアが投入する格安プランの好調により,割安感の低下が響いたことが原因に挙げられる。話題となった「0円プラン」が廃止となり,顧客離れの影響を大きく受けた楽天モバイルは,KDDI回線のデータ使用量を無制限にした「Rakuten 最強プラン」を2023年6月に開始したが,巻き返しには至っていない。

●IoTへの対応を見据えた5G

技術面で注目を集めているのが,2020年に商用化された次世代通信規格の5Gである。5Gは,現行の4Gに比べ,大容量,同時多接続,低遅延・高信頼性,省電力・低コストといった特徴がある。IoTの普及に必須のインフラ技術とされており,これまでの通信規格に求められてきたものに加え,将来期待されるさまざまなサービスへの対応も求められている。低遅延化・高信頼性については,たとえば,自動車の自動運転のような安全・確実性が求められるサービスにおいては必須の要件となる。また,同時多接続は,今後,携帯電話だけでなく,IoTで接続される機器の爆発的な増加が予想されることから,4Gの100倍の接続数が求められている。

キャリア各社はすでに，コンテンツサービスの拡充，ロボットの遠隔操作，自動運転などの実証実験を進めている。MVNOに対して，スマートフォン向け回線サービスは提供されたとしても，すべてのサービスが対象となるかは不透明といえる。5Gの普及によって，キャリアの携帯ゆえに享受できるサービスが大きく進化すれば，料金の安さでMVNOを選択している利用者の判断にも影響が出る可能性もある。

❖ eコマース（EC）市場の動向

　インターネットを通じて商品やサービスを売買する「eコマース」（EC）は順調に拡大しており，経済産業省の発表では，2021年の消費者向け（BtoC）電子商取引の市場規模は20兆6950億円となった。

　市場を牽引してきたのは，楽天とアマゾン，そして，YahooやZOZOを傘下に抱えるZホールディングスである。楽天やZホールディングスは企業や個人の出品者に売り場を提供する「モール型」，アマゾンは自社で商品を仕入れる「直販型」が主流だったが，近年はアマゾンも「モール型」のビジネスを取り入れている。また，会費制の「アマゾン　プライム」では，映画や音楽の無料視聴，写真データの保存など，多くのサービスを展開している。2017年4月からは生鮮食品を扱う「アマゾン　フレッシュ」を開始，ネットスーパー業界にも進出した。楽天は米ウォルマートと業務提携し，ネットスーパーを開始するほか，朝日火災海上保険（楽天損害保険）や仮想通貨交換業のみんなのビットコインを買収するなど，通販以外の分野にも投資を続けている。Zホールディングスは21年3月には　LINEを経営統合。両者の顧客基盤を掛け合わせた新たなサービスを模索し，国内首位を目指している。

　コロナ禍の巣篭もり特需で，3社とも売上を大きく伸ばした。利用習慣の定着化により，中小企業や個人の販売も拡大している。

●フリマアプリの躍進と越境ECの伸長

　フリマアプリでは「メルカリ」が国内で強さを誇る。メルカリは，個人間（CtoC）による物品売買を行うスマホアプリとして，2013年7月に国内サービスを開始した。誰でも簡単にスマホで売りたいものを撮影して，マーケットプレイスに出品できる手軽さと，個人情報を知られずに取引を完了できるといったきめ細かいサービスが爆発的人気の背景にある。しかし，新型

コロナウイルスによる巣ごもり特需が終了し，EC市場に逆風が吹いたこともあり，やや伸び悩みが見られる。2022年の6月期決算では売上高は1470億円と前年比38.6％増となったが，営業利益はマイナス37億と赤字決算になってしまった。

　「越境EC」といわれる海外向けのネット通販も，市場を拡大している。中国ではモバイル端末の普及が進み，中国インターネット情報センター（CNNIC）の発表では2020年6月時点でネット利用者は9億人とされている。2019年の中国国内EC売上高は約204兆円に達し，越境ECも10兆円を超えている。2014年に，中国最大のECサイト・アリババが海外業者向けの「天猫国際」を開設した。現在，メーカーから流通，小売まで，多くの日本企業が出店し，大きな成果を上げている。にサービスを開始し，2016年，2017年には中国における越境ECのトップシェアを獲得している。同社は，2017年には日本支社も設立，認知拡大，商品の仕入れ活動を本格化させている。経済産業省によると，2017年度の中国人による越境ECを通じた日本からの購入金額は1兆2978億円だった。日本の事業者にとって，越境ECの利用は，海外に直接出店するリスクがなく，マーケットは広がり，初期投資を抑えながら海外進出を狙えるメリットがある。

情報通信・IT業界

直近の業界各社の関連ニュースを
ななめ読みしておこう。

Google、生成AIで企業需要開拓　Microsoftに対抗

米グーグルが文章や画像を自動で作る生成AI（人工知能）で企業需要の開拓に本腰を入れる。生成AIを組み込んだサービスを開発するための基盤を整え、コストを左右する半導体の自社開発も強化する。企業向けで先行する米マイクロソフトに対抗し、早期の投資回収につなげる。

グーグルのクラウドコンピューティング部門で最高経営責任者（CEO）を務めるトーマス・クリアン氏が日本経済新聞の取材に応じた。同氏は「経済が不安定で一部の企業がIT（情報技術）投資を減速させる一方、AIを使って業務を自動化するプロジェクトが増えてきた」と述べた。

同社はクラウド部門を通じて企業に生成AI関連のサービスを提供する。クリアン氏はサービス開発に使う大規模言語モデルなどの種類を増やし、企業が目的に応じて選べるようにすることが重要だと指摘した。自社開発に加え外部からも調達する方針で、米メタや米新興企業のアンソロピックと連携する。

半導体の調達や開発も強化する。AI向けの画像処理半導体（GPU）を得意とする米エヌビディアとの関係を強め、同社の最新モデル「GH200」を採用する。一方、自社開発も強化し、学習の効率を従来の2倍に高めた「TPU」の提供を始めた。クリアン氏は人材採用などにより開発体制をさらに強化する考えを示した。

グーグルは生成AIを使った米ハンバーガーチェーン大手、ウェンディーズの受注システムの開発を支援したほか、米ゼネラル・モーターズ（GM）と車載情報システムへの対話AIの組み込みで協力している。企業による利用を増やすため、「成果を上げやすいプロジェクトを一緒に選定し、コストなどの効果を測定しやすくする」（クリアン氏）としている。

大手企業に加えて、伸び代が大きい新興企業の取り込みにも力を入れる。クリアン氏は生成AI分野のユニコーン企業の70％、外部から資金提供を受けたAI

新興企業の50％が自社の顧客であると説明した。グーグルのサービスを使うと学習や推論の効率を2倍に高められるといい、「資金の制約が大きい新興勢の支持を受けている」と説明した。

生成AIの企業向けの提供では米オープンAIと資本・業務提携し、同社の技術を利用するマイクロソフトが先行した。同社のサティア・ナデラCEOは4月、「すでにクラウド経由で2500社が利用し、1年前の10倍に増えた」と説明している。グーグルも企業のニーズにきめ細かく応えることで追い上げる。

生成AIの開発と利用に欠かせない高性能のGPUは奪い合いとなっており、価格上昇も著しい。この分野で世界で約8割のシェアを握るエヌビディアの2023年5～7月期決算は売上高が前年同期比2倍、純利益が9倍に拡大した。生成AI開発企業にとっては先行投資の負担が高まる一方で、株式市場では「投資回収の道筋が明確ではない」といった声もある。グーグルやマイクロソフトなどのIT大手にも早期の収益化を求める圧力が強まっており、安定した取引が見込める企業需要の開拓が課題となっている。

各社が生成AIの投資回収の手段として位置付けるクラウド分野では、世界シェア首位の米アマゾン・ドット・コムをマイクロソフトが追い上げている。グーグルは3番手が定着しているが、クリアン氏は「（生成AIで業界構図が）変わる。将来を楽観している」と述べた。長年にわたって世界のAI研究をリードしてきた強みを生かし、存在感を高める考えだ。

（2023年9月3日　日本経済新聞）

Apple、日本拠点40周年　アプリ経済圏460億ドルに

米アップルは8日、アプリ配信サービス「アップストア」経由で提供された日本の商品やサービスの売上高が2022年に計460億ドル（約6兆5500億円）にのぼったと発表した。今年6月に拠点設立から丸40年を迎えた日本で、アップルの存在感は大きい。一方で規制強化の動きなど逆風もある。

ティム・クック最高経営責任者（CEO）は「我々は日本のものづくりの匠（たくみ）の技とデザインが持つ付加価値などについて話し合っている。記念すべき40周年を共に祝えて誇りに思う」とコメントを出した。日本の「アプリ経済圏」の460億ドルのうち、小規模な開発業者の売り上げは20～22年に32％増えたという。

1976年に故スティーブ・ジョブズ氏らが創業したアップル。7年後の83年6

月に日本法人を設けた。それまでは東レなどがパソコン「アップル2」の販売代理店を担い、日本法人の立ち上げ後も一時はキヤノン系が販売を請け負った。2003年には海外初の直営店を東京・銀座に開店し、今は福岡市や京都市などに10店舗を構える。

もともとジョブズ氏は禅宗に通じ、京都を好むなど日本に明るいことで知られた。ソニーを尊敬し、創業者の盛田昭夫氏が死去した1999年のイベントでは盛田氏の写真をスクリーンに映して「新製品を彼に喜んでほしい」と追悼の意を表した。

01年に携帯音楽プレーヤー「iPod」を発売すると、「ウォークマン」やCDの規格で主導していたソニーから音楽業界の主役の座を奪った。日本の家電メーカーにとっては驚異的な存在だったとも言える。

アップルから見ると、日本は製造・販売両面で重要拠点だ。主力スマートフォン「iPhone」で国内の電子部品市場は拡大し、1000社近い巨大なサプライチェーン（供給網）を築いた。「アプリ関連やサプライヤーで100万人を超える日本の雇用を支えている。過去5年間で日本のサプライヤーに1000億ドル以上を支出した」と説明する。

販売面では一人勝ち状態が続く。調査会社MM総研（東京・港）によると、22年のスマホの国内シェアはアップルが約49％と半分に迫り、携帯電話シェアで12年から11年連続で首位に立つ。タブレットのシェアも約50％、スマートウオッチも約60％にのぼる。

「爆発的に普及するとは全く思わなかった」。ジョブズ氏と縁のあった孫正義氏が率いていたソフトバンクが「iPhone3G」を独占販売する際、他の通信大手幹部は「冷ややかな目で見ていた」と振り返る。だが、iPhone人気でソフトバンクは新規顧客を集め、通信業界の勢力図を塗り替えた。11年にはKDDI、13年にNTTドコモが追随し、後に政府から批判される値引き競争や複雑な料金プランにつながっていく。

日本の存在感の大きさはアップルの決算発表にも表れる。資料では毎回、米州、欧州、中華圏、日本、その他アジア太平洋地域という5つの地域別売上高を開示する。単体の国として分けているのは日本だけで、米テクノロジー大手では珍しい。

最近は陰りも見える。足元の日本の売上高は前年同期比11％減で、売上高全体における比率は6％にとどまった。円安や値引き販売の抑制などが理由だが、アップル関係者からは「製造も販売も我々は既にインドを見ている」という声も上がる。

アプリ経済圏の先行きも不透明だ。政府のデジタル市場競争会議は6月、他社が運営する代替アプリストアをアップルが受け入れるよう義務付けるべきだと指摘した。販売減少や規制強化といった逆風を越えられるか——。次の40年に向けた新たな施策が求められる。

（2023年8月8日　日本経済新聞）

初任給、建設・ITで大幅増　若手確保に企業奔走

初任給を大幅に引き上げる企業が相次いでいる。2023年度の初任給伸び率ランキングをみると建設や運輸業界、情報ソフト、通信業界での引き上げが目立つ。新型コロナウイルス禍から経済活動が正常化に進む中、若手確保に動く企業が多いようだ。

日本経済新聞社が実施した23年度の採用計画調査をもとに大卒初任給の前年度比伸び率ランキングを作成。調査は4月4日までに主要企業2308社から回答を得た。

首位は商業施設の設計・施工などを手掛けるラックランドで30.7%増の26万6600円だった。初任給の引き上げは16年ぶりだ。加えて入社4年目まで基本給を底上げするベースアップ（ベア）を毎年3%実施する。施工管理者から営業、設計、メンテナンスまで幅広い人材獲得を目指す。

背景にあるのが年々増す採用の厳しさだ。人事担当者は「22年度は内定辞退が増え採用目標数を割った」と言う。引き上げ後の初任給は全業界平均22万8471円を大きく上回った。6月に解禁した24年卒の採用活動では社長面談の時期を早めるなど学生の獲得策を強化しており、「内定承諾のペースは昨年と比べると速い」という。

石油精製・販売の三愛オブリも大卒初任給を24.9%引き上げ26万円とした。同社は23年度に手当の一部を基本給に組み入れる賃金制度の改定で全社員の基本給が大幅増となった。空港の給油施設運営などを手掛けるなかで空港内作業者の初任給も同水準で引き上げており「採用に弾みをつけたい」とする。

航海士など特殊な技術や知識を要する人材も奪い合いだ。業種別の初任給伸び率ランキングで首位だった海運は業界全体で6.7%増と大幅に伸ばした。なかでもNSユナイテッド海運は大卒初任給で21.1%増の26万3700円。2年連続で初任給を引き上げた。

ゲームなどを含む情報ソフトや金融関連、通信業界なども初任給引き上げが顕

著だ。IT（情報技術）エンジニア確保が目的だ。実際、企業ランキング２位は
スクウェア・エニックス・ホールディングス。全社員の給与も平均10％引き
上げており、「物価高騰に加え新たに優秀な人材の獲得強化を見込む」とする。
実はゲーム業界に初任給引き上げドミノが起きている。バンダイナムコエン
ターテインメントは22年度に大卒初任給を前年度比25％上げて29万円とし
た。カプコンなども22年度に実施。23年度にはスクウェア・エニックスに加
え任天堂が１割増の25万6000円とした。中堅ゲーム会社幹部は「（優秀な人
材の）つなぎ留めのために賃上げをしないと、他社に流出してしまう」と危機
感を隠さない。

金融も初任給の引き上げが目立った。三井住友銀行は初任給を16年ぶりに引
き上げ、大卒で24.4％増の25万5000円とした。スマホ金融などの強化に
必要なデジタル人材はあらゆる業界で奪い合いになっている。

三井住友銀に続き、みずほフィナンシャルグループは24年に５万5000円、
三菱UFJ銀行も同年に５万円、それぞれ初任給を引き上げることを決めている。
ネット専業銀行や地方銀行も相次ぎ初任給引き上げに走っている。

一方、初任給の伸びが低かったのが鉄鋼業界。前年比ほぼ横ばいだった。初任
給は春季労使交渉で決まる場合が多く、鉄鋼大手は効率化などを目的に交渉を
２年に１度としている。23年は労使交渉がなかったことが影響したとみられる。
倉庫・運輸関連は前年比0.9％増、水産や自動車・部品が１％増となった。例
年に比べれば高い賃上げ率だが、各業界とも初任給の全体平均額を下回ってい
る。

過去にも人手不足感が高まると、初任給を引き上げる傾向が強まった。しかし
23年は企業の焦りが感じられる。初任給伸び率が2.2％増となり、10年以降
で最大の伸び率となっているのだ。24年度以降の持続性もカギとなりそうだ。
法政大学の山田久教授は「全体の賃金上昇傾向が続くかは経済の情勢次第で不
透明感が残るが、初任給引き上げ競争は今後も続くだろう」とみる。少子高齢
化で若年労働人口が減る中、企業はIT人材から現場労働者まで若手の採用力
強化が必須となっている。　　　　　　　　（2023年６月18日　日本経済新聞）

NVIDIAとTSMC、生成AIに専用半導体　年内投入へ

半導体設計大手の米エヌビディアと半導体受託生産首位の台湾積体電路製造
（TSMC）が、生成AI向けの専用半導体を年内に投入する。AIが回答を導き出

す過程の速度を前世代品に比べて最大12倍にする。半導体は「新型コロナウイルス特需」の反動で市況が悪化するなか、米台の2強が次の成長分野でリードを固める。

「（AI向け半導体の）需要は非常に強い。サプライチェーン（供給網）のパートナーとともに増産を急いでいる」

エヌビディアのジェンスン・ファン最高経営責任者（CEO）は30日、台北市内で記者会見し、生成AI向け市場の成長性を強調した。台湾出身のファン氏は同日開幕したIT（情報技術）見本市「台北国際電脳展」（コンピューテックス台北）に合わせて訪台した。

エヌビディアはAI分野で広く使われる画像処理半導体（GPU）を手掛け、AI向け半導体で世界シェア8割を握る。「Chat（チャット）GPT」に代表される対話型の生成AIの急速な進化を受け、AIのデータ処理に特化した専用半導体を年内に投入する。

エヌビディアが設計した半導体をTSMCが量産する。AIが質問への回答を導き出す「推論」のスピードを前世代品に比べて最大12倍に速める。

生成AIサービスの多くは、データセンターのサーバー上で開発・運用されている。GPUは膨大なデータをAIに学ばせて回答の精度を上げていく「学習」と、利用者から質問などを受けてAIが答えを導く「推論」の両方に使われる。

特にエヌビディアのGPUは「（AI用途への）最適化が進んでおり、大きな先行者優位がある」（台湾調査会社トレンドフォースの曾伯楷アナリスト）。

チャットGPTを開発した米新興オープンAIは、サービス開発に約1万個のGPUを用いているとされる。トレンドフォースは技術の高度化に伴い、今後は一つのサービスを開発・運用するのに3万個以上のGPUが必要になると予測する。

ゲームや動画編集に使われる一般的なGPUは市販価格が1個10万円以下のものもあるが、AI向け高性能GPUは100万円を優に超える。需要が伸びれば市場全体へのインパクトも大きい。

独調査会社スタティスタは、生成AIがけん引するAI向け半導体の市場規模が、2028年に21年比で12倍の1278億ドル（約18兆円）に急拡大すると予測する。半導体市場全体が22年時点で80兆円規模だったのと比べても存在感は大きい。

エヌビディアを支えるのは、半導体の量産技術で世界トップを走るTSMCだ。新たに投入する生成AI向け半導体を含め、AI向け高性能GPUを独占的に生産する。

両社の関係は1990年代半ばに遡る。創業間もないエヌビディアは、生産委託先の確保に苦しんでいた。台湾出身のファンCEOが頼ったのは当時、半導体受託生産で躍進しつつあったTSMC創業者の張忠謀（モリス・チャン）氏だった。

張氏が電話で直接交渉に応じ、両社の取引がスタートしたという。以後30年近くにわたり、TSMCはゲームからパソコン、AI向けに至る幅広い製品を供給してきた。

近年はAI向け半導体の性能向上の鍵を握る「パッケージング技術」の開発で関係を深めている。異なる機能を持つ複数の半導体を一つのパッケージに収め、効率よく連動させる技術だ。

エヌビディアは2010年代中盤にいち早く同技術をGPUに採用。量産技術を開発するTSMCと二人三脚で、性能向上を実現してきた。

生成AI向け半導体の開発競争は激化が見込まれる。米グーグルや米アマゾン・ドット・コムといったIT大手が、独自に半導体の設計に乗り出している。両社ともエヌビディアの大口顧客だが、自前の半導体開発によってサービスの差別化やコスト低減を狙う。

そのIT大手も半導体の生産は外部委託に頼らざるを得ない。エヌビディアとTSMCの緊密な関係は、今後の競争で有利に働く可能性がある。

20年〜22年前半にかけて好調が続いた世界の半導体市場は、足元で厳しい状況にある。コロナ特需の反動でパソコンやスマホ、ゲーム機などの販売が落ち込み、全体的な市況の回復は24年になるとの見方が強い。TSMCは23年12月期通期に前の期比で減収（米ドルベース）を見込む。

生成AIはスマホなどに代わる半導体市場のけん引役となることが期待される。TSMCの魏哲家CEOは4月中旬の記者会見で「AI向けの需要は強く、業績成長の原動力となる」と強調した。

ファン氏も30日の記者会見で「我々は間違いなく、生成AIの新時代の始まりにいる」と述べ、業界が大きな成長局面に入りつつあると指摘した。生成AIの進化を支える製品を供給できるかが、市場全体の成長を左右する。

（2023年5月30日　日本経済新聞）

5G網整備へ技術者争奪　携帯電話大手4社、14%増員

高速通信網を整備する技術者の争奪が激しい。携帯大手4社は2022年3月

末に技術者を前年同期比14％増やした。転職者の平均年収も新型コロナウイルス禍のときと比較して2割上昇した。足元ではIT（情報技術）・通信エンジニアの転職求人倍率は全体を大きく上回っている。

高速通信規格「5G」の利用区域を広げるため需要は高まる。通信基盤を支える人材の不足が続けば日本のデジタル化に響きかねない。

総務省の調査によると、携帯大手4社の無線従事者や保守などの技術者数は22年3月末時点で計3万5400人だった。

企業ごとに定義の異なる部分はあるものの、前年同期比の伸び率は楽天モバイルが最大の34％増の3500人。次いでソフトバンクが28％増の1万800人、NTTドコモが7％増の1万2100人、KDDIが5％増の8800人と続いた。

5Gの通信速度は4Gの最大100倍で遅延したときの影響は10分の1に低下するとされる。スマートシティーや自動運転、工場機器の遠隔制御などに生かせば、新たなビジネスにつながる。

30年ごろには次世代の6Gへの移行が始まる見込みだが、技術革新とともに複雑なネットワーク構築を求められる。

ソフトバンクの担当者は「災害対策に加えて、5G基地局の整備のために技術者を増やしている」と説明する。KDDIも基地局の保守・運用に関わる技術者の需要は引き続き大きいとみる。

新型コロナで社会のデジタル化の要請が高まり、通信業界の技術者不足は厳しさを増す。KDDIなどで大規模な通信障害が相次いだことも通信網の重要性を意識させた。

人材サービス大手のエン・ジャパンによると、エンジニアが転職した際の22年の平均年収は新型コロナで底となった20年比19％増の519万円だった。

同社で通信業界を担当する星野玲氏は「通信業界は人材獲得が難しい。売り手市場で適正水準を上回る年収を示す事例が多い」と話す。従来は700万円程度が上限だったが、いまは900万円ほどに上がっているという。

携帯大手が求めるネットワーク技術者の22年の求人数は20年より45％増えた。パーソルキャリアの転職サービスのdoda（デューダ）によると、足元の23年2月のIT・通信エンジニアの転職求人倍率は10.19倍で、全体の2.15倍を上回った。

問題はこうした需要をまかなうだけの人材がいないことだ。経済産業省は30年に国内で最大79万人のIT人材が不足すると予測する。

政府は電力・ガス、道路、鉄道などのインフラ点検で規制を緩和し、ドローンや人工知能（AI）の導入を促す。通信でも保守・運用を自動化すれば余剰人員

を競争分野に振り向けることができる。

稲田修一早大教授は「通信業界は他分野に比べて省人化が進んでいるとは言えない」として改善が不可欠だと指摘する。

総務省によると、5Gの全国人口カバー率は22年3月末時点で93％とまだ行き渡っていない。新型コロナで露呈したデジタル化の遅れを取り戻すためにも、5G網づくりを急ぐ必要がある。

（2023年4月19日　日本経済新聞）

IT業界特化のSNSアプリ　HonneWorks

企業の平均年収をまとめたウェブサイトを運営するHonneWorks（ホンネワークス、神奈川県茅ケ崎市）は、IT（情報技術）業界で働く会社員向けに特化したSNS（交流サイト）アプリの提供を始める。利用者は匿名で参加できるが、ホンネワークスが職場のメールアドレスから勤務先を確認する点が特徴。信頼度の高い情報の交換につなげ、転職希望者に役立ててもらう。事業拡大に備え、ベンチャーキャピタル（VC）のゼロイチキャピタルなどからJ-KISS型新株予約権方式で約3000万円を調達した。

（2023年3月7日　日本経済新聞）

ITエンジニア、転職年収2割増　製造業や金融で引き合い

IT（情報技術）エンジニアについて、製造業や金融など非IT系の事業会社に転職した際の年収の上昇が目立つ。2022年までの2年間で2割上がり、エンジニア全体の平均を上回った。デジタルトランスフォーメーション（DX）化などを背景に、社内のシステム構築などの業務が増えた。IT業界以外の企業は、社内にITに詳しい人材が少ない。即戦力となる経験者を中心に高い年収を提示し獲得を急いでいる。

東京都在住の30代男性は、22年12月にITシステムの開発企業から鋼材系メーカーの社内システムエンジニア（SE）に転職した。自社のITインフラの整備をしている。転職で年収は50万円ほど上がった。

以前はクライアント先のシステム開発を担当していた。自社のシステムは利用者からの反応なども確認しやすく、やりがいを感じるという。

人材サービス大手のエン・ジャパンによると、同社の運営する人材紹介サービス「エン エージェント」を通じて決まったITエンジニアの転職のうち、非IT企業の初年度年収（転職決定時、中央値）は22年が516万円。ITエンジニア全体（511万円）を上回る。

上昇率も同様だ。非IT企業は新型コロナウイルスの感染が広がった20年に比べ95万円（22.6%）高い。ITエンジニア全体（21.4%）に比べ、伸びの勢いが目立つ。

背景にあるのが新型コロナ禍を契機とした、IT人材の不足だ。パーソルキャリア（東京・千代田）の転職サービスのdoda（デューダ）のまとめでは、22年12月のIT・通信エンジニアの中途採用求人倍率は12.09倍。全体（2.54倍）を大きく上回った。経済産業省は30年に日本で最大79万人のIT人材が不足すると予測する。

新型コロナの感染拡大で非IT系業種も含め、ビジネス現場のデジタル化が加速した。リモートでの就業環境を整えるだけでなく、経営の中にデジタル化をどう位置づけ推進するのかといった課題が生まれた。

既存システムの安定稼働やメンテナンスといったコロナ禍前からの業務に加え、リモート化や各種セキュリティー強化に取り組む人材が必要になった。

経営管理の観点からは、中長期のIT戦略投資の立案や社内の人材育成も求められるようになった。5年以上のIT実務の経験者や、経営を視野に入れITプロジェクトを進められるミドル層の需要が高まった。特に非IT系業種はこうした人材資源がIT企業に比べ薄く、中途採用を活用せざるを得ない。

dodaによると、22年10〜12月期のITエンジニアの新規求人のうち、年収が700万円以上の件数は35%だった。19年同期の19%から16ポイント増えた。大浦征也doda編集長は「事業会社は経験者を採用できなければ競合に後れを取るとの意識がある」としたうえで「採用基準を下げるのではなく、賃金を引き上げてでも人材を獲得しようという動きが強まった」とみる。

中途採用をいかしデジタル関連業務の内製化を進めることで、コストの削減も期待できる。クレディセゾンは19年にITエンジニアの中途採用を始め、20年以降も即戦力となる30〜40代を中心に獲得を進める。同社は「内製した案件の開発コストは外部依頼の場合と比べ、21〜22年度の累計で約6割削減できる見通し」と説明する。

（2023年2月8日　日本経済新聞）

現職者・退職者が語る 情報通信・IT業界の口コミ

※編集部に寄せられた情報を基に作成

▶ 労働環境

職種：代理店営業　　年齢・性別：20代後半・男性

・以前は年功序列の風潮でしたが，今は実力主義になってきています。
・会社への利益貢献ができ，上司の目に留まれば出世は早いでしょう。
・自己PRが上手で，失敗・成功に関わらず原因分析できることが重要。
・上司の目に留まらなければ，芽が出ないまま転職する人も。

職種：システムエンジニア　　年齢・性別：20代後半・男性

・転勤が本当に多く，それは女性も例外ではありません。
・入社時に「総合職は転勤があるが大丈夫か？」と確認されます。
・3～7年で異動になりますが，その都度転勤の可能性があります。
・家庭を持っている人や家を持っている人は単身赴任になることも。

職種：法人営業　　年齢・性別：30代前半・男性

・残業は月に20時間程度で，ワークライフバランスがとりやすいです。
・休日出勤はほとんどなく，1年に数回あるかどうかです。
・有給休暇はしっかりと取れるので，休暇の計画は立てやすいです。
・子どもの各種行事に積極的に参加している人も周りに多くいます。

職種：営業アシスタント　　年齢・性別：20代前半・女性

・全体的にかなり風通しの良い職場です。
・飲み会や遊びの計画が多く，社員同士の仲はとても良いです。
・社員の年齢層は比較的若めで，イベント好きな人が多い印象です。
・東京本社の場合，ワンフロアになっており全体が見渡せる作りです。

▶福利厚生

職種：代理店営業　　年齢・性別：20代後半・男性

- 独身のうちは社宅（寮）に入ることができます。
- 社宅は多少年数が経っていますが，きれいな物が多いです。
- 家賃もかなり安くて，住宅補助についてはかなり満足できます。
- 住宅補助以外にも，保養施設や通勤補助は非常に充実しています。

職種：法人営業　　年齢・性別：20代前半・男性

- 多くの企業のスポンサーのため，各種チケットをもらえたりします。
- 某有名遊園地の割引券も手に入ります。
- 住居手当，育児休暇など福利厚生全般はかなり充実しています。
- 通常の健康診断以外にも人間ドックを無料で受けることができます。

職種：マーケティング　　年齢・性別：20代後半・男性

- 各種福利厚生は充実しており，なかでも住宅補助は手厚いです。
- 社宅は借り上げで月1～2万円で，家賃10万以上の物件に住めます。
- 社宅住まいの場合，年収に換算すると年100万弱の手当となります。
- 健康診断・人間ドック，フィットネスなども利用できます。

職種：ネットワーク設計・構築　　年齢・性別：30代後半・男性

- 福利厚生は充実しており，有給休暇は2年目から年20日もらえます。
- 夏季休暇は5日，年末年始は6日の休暇が付与されます。
- 労働組合が強いため，サービス残業はなく，残業代は全額出ます。
- 残業時間は，職場にもよりますが，月20～30時間程度かと思います。

▶仕事のやりがい

職種：営業マネージャー　　年齢・性別：40代後半・男性

・大規模な通信インフラの構築や保守に力を入れています。
・通信業界の技術進歩は目覚ましいものがあり，夢があります。
・数年後にどんなサービスができるか予想できない面白さがあります。
・人々の日常生活に欠かせないものに携われるやりがいがあります。

職種：販促企画・営業企画　　年齢・性別：20代後半・男性

・企画部門では若手でもやりがいのある大きな仕事を任されます。
・関わる部門や担当が多岐にわたる場合，調整が大変なことも。
・事務系社員は2〜3年毎にジョブローテーションがあります。
・常に自身のキャリアパスをしっかり考えておくことが重要です。

職種：法人営業　　年齢・性別：30代前半・男性

・やった分だけ成果としてあらわれるところが面白いです。
・チームプレイの難しさはありますが，勉強になることが多いです。
・自分個人で考える部分とチームで動くところのバランスが大切。
・お客様に革新的な製品を常に提案できるのは素晴らしいと思います。

職種：経営企画　　年齢・性別：20代前半・男性

・良くも悪くも完全に社長トップダウンの会社です。
・会社の成長度に関しては日本随一だと思います。
・日々学ぶことが多く，熱意をもって取り組めば得るものは大きいです。
・驚くぐらい優秀な人に出会えることがあり，非常に刺激になります。

▶ ブラック？ホワイト？

職種：ネットワークエンジニア　　年齢・性別：30代後半・男性

- 会社全体のコミュニケーションが弱く，情報共有がされにくいです。
- 会社のどこの部署が何を行っているかわかりません。
- 分野が違う情報は同期などのツテを頼って芋づる式に探す有様です。
- 製品不具合情報等の横展開もほとんどなく，非常に効率が悪いです。

職種：代理店営業　　年齢・性別：20代後半・男性

- 殿様商売と世間では言われていますが，まさにその通り。
- 過去の遺産を食いつぶしているような経営方針で不安になります。
- 消費者の声はほぼ届かず，上からの声だけ受け入れている感じです。
- 40代後半の上層部はかなりの保守派で，時代の流れに抗っています。

職種：プロジェクトリーダー　　年齢・性別：30代前半・男性

- 裁量労働制なので，残業代はありません。
- みなし労働時間は，月35時間残業相当の専門職手当が支払われますが，その範囲で業務が収まるわけがなく，長時間の残業が発生します。
- 残業前提のプロジェクト計画で黒字を目論む企業体質は健在です。

職種：システムエンジニア　　年齢・性別：20代後半・男性

- 裁量労働制が導入されてからは残業が常態化しています。
- 定時で帰ろうものなら「あれ？　何か用事？」と言われます。
- 以前は45時間以上残業する際は申請が必要なほどでしたが，裁量労働制導入後は残業が75時間を越えても何も言われません。

▶ 女性の働きやすさ

職種：代理店営業　　　年齢・性別：30代前半・男性

- 女性の労働環境がかなり整っている会社だと思います。
- 出産時に一旦休み，復帰してくるケースは多いです。
- 復帰後も時間短縮勤務ができるため，退職する女性は少ないです。
- 会社側は女性の活用について，今後も更に取り組んでいくようです。

職種：システムエンジニア　　　年齢・性別：20代前半・男性

- 住宅手当など，既婚者が働きやすい環境づくりに力を入れています。
- 産休・育休など社内の既婚者はほとんど活用されているようですが，実力主義という点はどうしてもあるので覚悟は必要です。
- 産休・育休で仕事ができなくなる人は，部署移動や給与にも影響。

職種：社内SE　　　年齢・性別：20代後半・女性

- 産休，育休を使う人も多く，女性にはとても良い環境だと思います。
- 外部講師を招き，女性の環境向上のためのセミナーなどもあります。
- 会社として女性の待遇にとても力を入れているのを感じます。
- 年配の上司によっては，差別的な見方の方もまだ若干いますが。

職種：システムエンジニア　　　年齢・性別：20代後半・女性

- 課長，部長，統括部長，事業部長に，それぞれ女性が就いています。
- 育児休暇制度が整っていて，復帰して働く女性が年々増えています。
- 時短勤務になるため男性に比べて出世は遅くなるようです。
- 子育てをしながら管理職に昇進できる環境は整っています。

▶ 今後の展望

職種：営業　　年齢・性別：30代前半・男性

- 国内市場は飽和状態のため，海外へ行くしかないと思いますが，経営陣に難があるためグローバル進出は難しいかもしれません。
- アジアを中心に市場開拓していますが，先行きは不透明です。
- 金融事業は好調のため，引き続き当社の主軸となるでしょう。

職種：サービス企画　　年齢・性別：20代後半・男性

- 事業規模が非常に大きく，現在は非常に安定しています。
- 国内に閉じた事業内容なので，今後の伸びしろは微妙かと。
- 海外進出の計画もあるようですが，目立った動きはまだありません。
- 業種的にグローバル展開の意義はあまりないのかもしれません。

職種：新規事業・事業開発　　年齢・性別：20代後半・男性

- 携帯事業以外の新規事業を模索している段階です。
- OTTプレーヤーと言われる企業に勝るサービスの創出に難航中。
- 今までの成功体験や仕事のやり方からの脱却がカギだと思います。
- グローバル化にも程遠く，海外志向の人にはオススメできません。

職種：営業　　年齢・性別：20代後半・男性

- 安定した収益基盤があり，しばらくは安定して推移すると思います。
- 通信をベースに，周辺の事業領域が拡大する余地もあると思います。
- 今後は海外展開（特にアジア圏）を積極的に進めていくようです。
- 日本市場が今後縮小していく中，海外展開は大きなカギになります。

情報通信・IT業界　国内企業リスト（一部抜粋）

会社名	本社住所
NEC ネッツエスアイ株式会社	文京区後楽 2-6-1 飯田橋ファーストタワー
株式会社システナ	東京都港区海岸 1 丁目 2 番 20 号 汐留ビルディング 14F
デジタルアーツ株式会社	東京都千代田区大手町 1-5-1 大手町ファーストスクエア ウエストタワー 14F
新日鉄住金ソリューションズ 株式会社	東京都中央区新川二丁目 20-15
株式会社コア	東京都世田谷区三軒茶屋一丁目 22 番 3 号
株式会社ソフトクリエイト ホールディングス	東京都渋谷区渋谷 2 丁目 15 番 1 号 渋谷クロスタワー
IT ホールディングス株式会社	東京都新宿区西新宿 8-17-1 住友不動産新宿グランド タワー 21F（総合受付 14F）
ネオス株式会社	東京都千代田区神田須田町 1-23-1 住友不動産神田ビル 2 号館 10F
株式会社電算システム	岐阜県岐阜市日置江 1 丁目 58 番地
グリー株式会社	東京都港区六本木 6-10-1 六本木ヒルズ森タワー
コーエーテクモ ホールディングス株式会社	神奈川県横浜市港北区箕輪町 1 丁目 18 番 12 号
株式会社三菱総合研究所	東京都千代田区永田町二丁目 10 番 3 号
株式会社ボルテージ	東京都渋谷区恵比寿 4-20-3　恵比寿ガーデンプレイス タワー 28 階
株式会社 電算	長野県長野市鶴賀七瀬中町 276-6
株式会社 ヒト・コミュニケーションズ	東京都豊島区東池袋 1-9-6
株式会社ブレインパッド	東京都港区白金台 3-2-10 白金台ビル
KLab 株式会社	東京都港区六本木 6-10-1 六本木ヒルズ森タワー
ポールトゥウィン・ピットクルー ホールディングス株式会社	東京都新宿区西新宿 2-4-1　新宿 NS ビル 11F
株式会社イーブック イニシアティブジャパン	東京都千代田区神田駿河台 2-9 KDX 御茶ノ水ビル 7F
株式会社　ネクソン	東京都中央区新川二丁目 3 番 1 号
株式会社アイスタイル	東京都港区赤坂 1-12-32 号 アーク森ビル 34 階
株式会社 エムアップ	東京都渋谷区渋谷 2-12-19 東建インターナショナルビル本館 5 階

会社名	本社住所
株式会社エイチーム	名古屋市西区牛島町 6 番 1 号 名古屋ルーセントタワー 36F
株式会社ブロードリーフ	東京都品川区東品川 4-13-14 グラスキューブ品川 8F
株式会社ハーツユナイテッドグループ	東京都港区六本木六丁目 10 番 1 号 六本木ヒルズ森タワー 34 階
株式会社ドワンゴ	東京都中央区銀座 4-12-15　歌舞伎座タワー
株式会社ベリサーブ	東京都新宿区西新宿 6-24-1 西新宿三井ビル 14 階
株式会社マクロミル	東京都港区港南 2-16-1 品川イーストワンタワー 11F
株式会社ティーガイア	東京都渋谷区恵比寿 4-1-18
株式会社豆蔵ホールディングス	東京都新宿区西新宿 2-1-1 新宿三井ビルディング 34 階
テクマトリックス株式会社	東京都港区高輪 4 丁目 10 番 8 号 京急第 7 ビル
GMO ペイメントゲートウェイ株式会社	東京都渋谷区道玄坂 1-14-6 渋谷ヒューマックスビル（受付 7 階）
株式会社ザッパラス	東京都渋谷区渋谷 2 丁目 12 番 19 号 東建インターナショナルビル
株式会社インターネットイニシアティブ	東京都千代田区神田神保町 1-105 神保町三井ビルディング
株式会社ビットアイル	東京都品川区東品川 2-5-5 HarborOne ビル 5F
株式会社 SRA ホールディングス	東京都豊島区南池袋 2-32-8
株式会社朝日ネット	東京都中央区銀座 4-12-15 歌舞伎座タワー 21 階
パナソニック インフォメーションシステムズ株式会社	大阪府大阪市北区茶屋町 19 番 19 号
株式会社フェイス	京都市中京区烏丸通御池下る虎屋町 566-1 井門明治安田生命ビル
株式会社野村総合研究所	東京都千代田区丸の内 1-6-5　丸の内北口ビル
サイバネットシステム株式会社	東京都千代田区神田練塀町 3 番地 富士ソフトビル
株式会社インテージホールディングス	東京都千代田区神田練塀町 3 番地 インテージ秋葉原ビル
ソースネクスト株式会社	東京都港区虎ノ門 3-8-21　虎ノ門 33 森ビル 6 階
株式会社クレスコ	東京都港区港南 2-15-1 品川インターシティ A 棟 25 階〜 27 階
株式会社フジ・メディア・ホールディングス	東京都港区台場二丁目 4 番 8 号
株式会社 オービック	東京都中央区京橋 2 丁目 4 番 15 号

会社名	本社住所
TDC ソフトウェア エンジニアリング株式会社	東京都渋谷区代々木 3-22-7 新宿文化クイントビル
ヤフー株式会社	東京都港区赤坂 9-7-1 ミッドタウン・タワー
トレンドマイクロ株式会社	東京都渋谷区代々木 2-1-1　新宿マインズタワー
日本オラクル株式会社	東京都港区北青山 2-5-8
株式会社アルファシステムズ	川崎市中原区上小田中 6 丁目 6 番 1 号
フューチャーアーキテクト 株式会社	東京都品川区大崎 1-2-2 アートヴィレッジ大崎セントラルタワー
株式会社シーエーシー	東京都中央区日本橋箱崎町 24 番 1 号
ソフトバンク・テクノロジー 株式会社	東京都新宿区西五軒町 13-1　飯田橋ビル 3 号館
株式会社トーセ	京都市下京区東洞院通四条下ル
株式会社オービックビジネス コンサルタント	東京都新宿区西新宿六丁目 8 番 1 号 住友不動産新宿オークタワー 32F
伊藤忠テクノソリューションズ 株式会社	東京都千代田区霞が関 3-2-5　霞が関ビル
株式会社アイティフォー	東京都千代田区一番町 21 番地 一番町東急ビル
株式会社 東計電算	神奈川県川崎市中原区市ノ坪 150
株式会社　エックスネット	東京都新宿区荒木町 13 番地 4　住友不動産四谷ビル 4 階
株式会社大塚商会	東京都千代田区飯田橋 2-18-4
サイボウズ株式会社	東京都文京区後楽 1-4-14 後楽森ビル 12F
ソフトブレーン株式会社	東京都中央区八重洲 2-3-1 住友信託銀行八重洲ビル 9 階
株式会社アグレックス	東京都新宿区西新宿 2 丁目 6 番 1 号 新宿住友ビル
株式会社電通国際情報サービス	東京都港区港南 2-17-1
株式会社 EM システムズ	大阪市淀川区宮原 1 丁目 6 番 1 号 新大阪ブリックビル
株式会社ウェザーニューズ	千葉県千葉市美浜区中瀬 1-3 幕張テクノガーデン
株式会社 CIJ	神奈川県横浜市西区平沼 1-2-24　横浜 NT ビル
ネットワンシステムズ株式会社	東京都千代田区丸の内二丁目 7 番 2 号　JP タワー
株式会社アルゴグラフィックス	東京都中央区日本橋箱崎町 5-14 アルゴ日本橋ビル
ソフトバンク株式会社	東京都港区東新橋 1-9-1

第3章

就職活動のはじめかた

入りたい会社は決まった。しかし「就職活動とはそもそ
も何をしていいのかわからない」「どんな流れで進むか
わからない」という声は意外と多い。ここでは就職活
動の一般的な流れや内容，対策について解説していく。

▶就職活動のスケジュール

3月	**4月**	**6月**

就職活動スタート

> 2025年卒の就活スケジュールは,経団連と政府を中心に議論され,2024年卒の採用選考スケジュールから概ね変更なしとされている。

エントリー受付・提出

OB・OG訪問

> 企業の説明会には積極的に参加しよう。独自の企業研究だけでは見えてこなかった新たな情報を得る機会であるとともに,モチベーションアップにもつながる。また,説明会に参加した者だけに配布する資料などもある。

合同企業説明会　　**個別企業説明会**

筆記試験・面接試験等始まる（3月～）

内々定（大手企業）

2月末までにやっておきたいこと

就職活動が本格化する前に,以下のことに取り組んでおこう。
◎自己分析　◎インターンシップ　◎筆記試験対策
　◎業界研究・企業研究　◎学内就職ガイダンス
自分が本当にやりたいことはなにか,自分の能力を最大限に活かせる会社はどこか。自己分析と企業研究を重ね,それを文章などにして明確にしておき,面接時に最大限に活用できるようにしておこう。

※このスケジュール表は一般的なものです。本年（2019年度）の採用スケジュール表では
ありませんので，ご注意ください。

月　　　　**8月**　　　　**10月**

中 小 企 業 採 用 本 格 化

内定者の数が採用予定数に満た
ない企業，1年を通して採用を継
続している企業，夏休み以降に採
用活動を実施企業（後期採用）は
採用活動を継続して行っている。
大企業でも後期採用を行っている
こともあるので，企業から内定が
出ても，納得がいかなければ継続
して就職活動を行うこともある。

中小企業の採用が本格化するのは大手
企業より少し遅いこの時期から。HP
などで採用情報をつかむとともに，企
業研究も怠らないようにしよう。

内々定とは10月1日以前に通知（電話等）
されるもの。内定に関しては現在協定があり，
10月1日以降に文書等にて通知される。

内々定（中小企業）　　　内定式（10月〜）

どんな人物が求められる？

多くの企業は，常識やコミュニケーション能力があり，社会のできごと
に高い関心を持っている人物を求めている。これは「会社の一員とし
て将来の企業発展に寄与してくれるか」という視点に基づく，もっとも
普遍的な選考基準だ。もちろん，「自社の志望を真剣に考えているか」
「自社の製品，サービスにどれだけの関心を向けているか」という熱
意の部分も重要な要素になる。

理論編

就活ロールプレイ！

理論編
STEP 1　　就職活動のスタート

内定までの道のりは，大きく分けると以下のようになる。

自 己 分 析

↓

企 業 研 究

↓

エントリーシート・筆記試験・面接

↓

内 定

01 まず自己分析からスタート

　就職活動とは，「企業に自分をPRすること」。自分自身の興味，価値観に加えて，強み・能力という要素が加わって，初めて企業側に「自分が働いたら，こういうポイントで貢献できる」と自分自身を売り込むことができるようになる。

■自分の来た道を振り返る

　自己分析をするための第一歩は，「振り返ってみる」こと。

　小学校，中学校など自分のいた"場"ごとに何をしたか（部活動など），何を学んだか，交友関係はどうだったか，興味のあったこと，覚えている印象的なことを書き出してみよう。

■テストを受けてみる

　"自分では気がついていない能力"を客観的に検査してもらうことで，自分に向いている職種が見えてくる。下記の5種類が代表的なものだ。

①職業適性検査　②知能検査　③性格検査

④職業興味検査　⑤創造性検査

■先輩や専門家に相談してみる

　就職活動をするうえでは，"いかに他人に自分のことをわかってもらうか"が重要なポイント。他者の視点で自分を分析してもらうことで，より客観的な視点で自己PRができるようになる。

自己分析の流れ

❏過去の経験を書いてみる

❏現在の自己イメージを明確にする…行動，考え方，好きなものなど。

❏他人から見た自分を明確にする

❏将来の自分を明確にしてみる…どのような生活をおくっていたいか。期待，夢，願望。なりたい自分はどういうものか，掘り下げて考える。→自己分析結果を，志望動機につなげていく。

01 企業の絞り込み

　志望企業の絞り込みについての考え方は大きく分けて2つある。

　第1は，同一業種の中で1次候補，2次候補……と絞り込んでいく方法。

　第2は，業種を1次，2次，3次候補と変えながら，それぞれに2社程度ずつ絞り込んでいく方法。

　第1の方法では，志望する同一業種の中で，一流企業，中堅企業，中小企業，縁故などがある歯止めの会社……というふうに絞り込んでいく。

　第2の方法では，自分が最も望んでいる業種，将来好きになれそうな業種，発展性のある業種，安定性のある業種，現在好況な業種……というふうに区別して，それぞれに適当な会社を絞り込んでいく。

02 情報の収集場所

・キャリアセンター

・新聞

・インターネット

・企業情報

『就職四季報』（東洋経済新報社刊），『日経会社情報』（日本経済新聞社刊）などの企業情報。この種の資料は本来"株式市場"についての資料だが，その時期の景気動向を含めた情報を仕入れることができる。

・経済雑誌

『ダイヤモンド』（ダイヤモンド社刊）や『東洋経済』（東洋経済新報社刊），『エコノミスト』（毎日新聞出版刊）など。

・OB・OG／社会人

①成長力

　まず“売上高”。次に資本力の問題や利益率などの比率。いくら資本金があっても，それを上回る膨大な借金を抱えていて，いくら稼いでも利払いに追われまくるようでは，成長できないし，安定できない。

　成長力を見るには自己資本率を割り出してみる。自己資本を総資本で割って100を掛けると自己資本率がパーセントで出てくる。自己資本の比率が高いほうが成長力もあり安定度も高い。

　利益率は純利益を売上高で割って100を掛ける。利益率が高ければ，企業はどんどん成長するし，社員の待遇も上昇する。利益率が低いということは，仕事がどんなに忙しくても利益にはつながらないということになる。

②技術力

　技術力は，短期的な見方と長期的な展望が必要になってくる。研究部門が適切な規模か，大学など企業外の研究部門との連絡があるか，先端技術の分野で開発を続けているかどうかなど。

③経営者と経営形態

　会社が将来，どのような発展をするか，または衰退するかは経営者の経営哲学，経営方針によるところが大きい。社長の経歴を知ることも必要。創始者の息子，孫といった親族が社長をしているのか，サラリーマン社長か，官庁などからの天下りかということも大切なチェックポイント。

④社風

　社風というのは先輩社員から後輩社員に伝えられ，教えられるもの。社風もいろいろな面から必ずチェックしよう。

⑤安定性

　企業が成長しているか，安定しているかということは車の両輪。どちらか片方の回転が遅くなっても企業はバランスを失う。安定し，しかも成長する。これが企業として最も理想とするところ。

⑥待遇

　初任給だけを考えてみても，それが手取りなのか，基本給なのか。基本給というのはボーナスから退職金，定期昇給の金額にまで響いてくる。また，待遇というのは給与ばかりではなく，福利厚生施設でも大きな差が出てくる。

■そのほかの会社比較の基準

1. ゆとり度

　休暇制度は，企業によって独自のものを設定しているところもある。「長期休暇制度」といったものなどの制定状況と，また実際に取得できているかどうかも調べたい。

2. 独身寮や住宅設備

　最近では，社宅は廃止し，住宅手当を多く出すという流れもある。寮や社宅についての福利厚生は調べておく。

3. オフィス環境

　会社に根づいた慣習や社員に対する考え方が，意外にオフィスの設備やレイアウトに表れている場合がある。

　たとえば，個人の専有スペースの広さや区切り方，パソコンなどOA機器の設置状況，上司と部下の机の配置など，会社によってずいぶん違うもの。玄関ロビーや受付の様子を観察するだけでも，会社ごとのカラーや特徴がどこかに見えてくる。

4. 勤務地

　転勤はイヤ，どうしても特定の地域で生活していきたい。そんな声に応えて，最近は流通業などを中心に，勤務地限定の雇用制度を取り入れる企業も増えている。

> ### column　初任給では分からない本当の給与
>
> 　会社の給与水準には「初任給」「平均給与」「平均ボーナス」「モデル給与」など，判断材料となるいくつかのデータがある。これらのデータからその会社の給料の優劣を判断するのは非常に難しい。
>
> 　たとえば中小企業の中には，初任給が飛び抜けて高い会社がときどきある。しかしその後の昇給率は大きくないのがほとんど。
>
> 　一方，大手企業の初任給は業種間や企業間の差が小さく，ほとんど横並びと言っていい。そこで，「平均給与」や「平均ボーナス」などで将来の予測をするわけだが，これは一応の目安とはなるが，個人差があるので正確とは言えない。

04 就職ノートの作成

■決定版「就職ノート」はこう作る

　1冊にすべて書き込みたいという人には，ルーズリーフ形式のノートがお勧め。会社研究，スケジュール，時事用語，OB／OG訪問，切り抜きなどの項目を作りインデックスをつける。

　カレンダー，説明会，試験などのスケジュール表を貼り，とくに会社別の説明会，面談，書類提出，試験の日程がひと目で分かる表なども作っておく。そして見開き2ページで1社を載せ，左ページに企業研究，右ページには志望理由，自己PRなどを整理する。

就職ノートの主なチェック項目

☐企業研究…資本金，業務内容，従業員数など基礎的な会社概要から，
　過去の採用状況，業務報告などのデータ

☐採用試験メモ…日程，条件，提出書類，採用方法，試験の傾向など

☐店舗・営業所見学メモ…流通関係，銀行などの場合は，客として訪問し，
　商品（値段，使用価値，ユーザーへの配慮），店員（接客態度，商品知識，
　熱意，親切度），店舗（ショーケース，陳列の工夫，店内の清潔さ）な
　どの面をチェック

☐OB／OG訪問メモ…OB／OGの名前，連絡先，訪問日時，面談場所，
　質疑応答のポイント，印象など

☐会社訪問メモ…連絡先，人事担当者名，会社までの交通機関，最寄り
　駅からの地図，訪問のときに得た情報や印象，訪問にいたるまでの経過
　も記入

05 「OB／OG訪問」

「OB／OG訪問」は，実際は採用予備選考開始。まず，OB／OG訪問を希望したら，大学のキャリアセンター，教授などの紹介で，志望企業に勤める先輩の手がかりをつかむ。もちろん直接電話なり手紙で，自分の意向を会社側に伝えてもいい。自分の在籍大学，学部をはっきり言って，「先輩を紹介していただけないでしょうか」と依頼しよう。

参考 ▶ OB／OG訪問時の質問リスト例

●**採用について**
- ・成績と面接の比重
- ・評価のポイント
- ・採用までのプロセス（日程）
- ・筆記試験の傾向と対策
- ・面接は何回あるか
- ・コネの効力はどうか
- ・面接で質問される事項　etc.

●**仕事について**
- ・内容（入社10年, 20年のOB/OG）
- ・新入社員の仕事
- ・希望職種につけるのか
- ・やりがいはどうか
- ・残業，休日出勤，出張など
- ・同業他社と比較してどうか　etc.

●**社風について**
- ・社内のムード
- ・上司や同僚との関係
- ・仕事のさせ方　etc.

●**待遇について**
- ・給与について
- ・福利厚生の状態
- ・昇進のスピード
- ・離職率について　etc.

インターンシップとは，学生向けに企業が用意している「就業体験」プログラム。ここで学生はさまざまな企業の実態をより深く知ることができ，その後の就職活動において自己分析，業界研究，職種選びなどに活かすことができる。また企業側にとっても有能な学生を発掘できるというメリットがあるため，導入する企業は増えている。

インターンシップ参加が採用につながっているケースもあるため，たくさん参加してみよう。

---

column　コネを利用するのも１つの手段？

コネを活用できるのは，以下のような場合である。

・企業と大学に何らかの「連絡」がある場合

　企業の新卒採用の場合，特定校・指定校が決められていることもある。企業側が過去の実績などに基づいて決めており，大学の力が大きくものをいう。

　とくに理工系では，指導教授や研究室と企業との連絡が密接な場合が多く，教授の推薦が有利であることは言うまでもない。同じ大学出身の先輩とのコネも，この部類に区分できる。

・志望企業と「関係」ある人と関係がある場合

　一般的に言えば，志望企業の取り引き先関係からの紹介というのが一番多い。ただし，年間億単位の実績が必要で，しかも部長・役員以上につながっていなければコネがあるとは言えない。

・志望企業と何らかの「親しい関係」がある場合

　志望企業に勤務したりアルバイトをしていたことがあるという場合。インターンシップもここに分類される。職場にも馴染みがあり人間関係もできているので，就職に際してきわめて有利。

・志望会社に関係する人と「縁故」がある場合

　縁故を「血縁関係」とした場合，日本企業ではこのコネはかなり有効なところもある。ただし，血縁者が同じ会社にいるというのは不都合なことも多いので，どの企業も慎重。

1. 受付の様子

　受付事務がテキパキとしていて，分かりやすいかどうか。社員の態度が親切で誠意が伝わってくるかどうか。

　こういった受付の様子からでも，その会社の社員教育の程度や，新入社員採用に対する熱意とか期待を推し測ることができる。

2. 控え室の様子

　控え室が2カ所以上あって，国立大学と私立大学の訪問者とが，別々に案内されているようなことはないか。また，面談の順番を意図的に変えているようなことはないか。これはよくある例で，すでに大半は内定しているということを意味する場合が多い。

3. 社内の雰囲気

　社員の話し方，その内容を耳にはさむだけでも，社風が伝わってくる。

4. 面談の様子

　何時間も待たせたあげくに，きわめて事務的に，しかも投げやりな質問しかしないような採用担当者である場合，この会社は人事が適正に行われていないということだから，一考したほうがよい。

参考 ▶ 説明会での質問項目

・質問内容が抽象的でなく，具体性のあるものかどうか。
・質問内容は，現在の社会・経済・政治などの情況を踏まえた，
　大学生らしい高度で専門性のあるものか。
・質問をするのはいいが，「それでは，あなたの意見はどうか」と
　逆に聞かれたとき，自分なりの見解が述べられるものであるか。

提出する書類は6種類。①〜③が大学に申請する書類，④〜⑥が自分で書く書類だ。大学に申請する書類は一度に何枚も入手しておこう。

① 「卒業見込証明書」
② 「成績証明書」
③ 「健康診断書」
④ 「履歴書」
⑤ 「エントリーシート」
⑥ 「会社説明会アンケート」

■自分で書く書類は「自己PR」

第1次面接に進めるか否かは「自分で書く書類」の出来にかかっている。「履歴書」と「エントリーシート」は会社説明会に行く前に準備しておくもの。「会社説明会アンケート」は説明会の際に書き，その場で提出する書類だ。

01 履歴書とエントリーシートの違い

Webエントリーを受け付けている企業に資料請求をすると，資料と一緒に「エントリーシート」が送られてくるので，応募サイトのフォームやメールでエントリーシートを送付する。Webエントリーを行っていない企業には，ハガキやメールで資料請求をする必要があるが，「エントリーシート」は履歴書とは異なり，企業が設定した設問に対して回答するもの。すなわちこれが「1次試験」であり，これにパスをした人だけが会社説明会に呼ばれる。

02 記入の際の注意点

■字はていねいに

　字を書くところから，その企業に対する"本気度"は測られている。

■誤字，脱字は厳禁

　使用するのは，黒のインク。

■修正液使用は不可

■数字は算用数字

■自分の広告を作るつもりで書く

　自分はこういう人間であり，何がしたいかということを簡潔に書く。メリットになることだけで良い。自分に損になるようなことを書く必要はない。

■「やる気」を示す具体的なエピソードを

　「私はやる気があります」「私は根気があります」という抽象的な表現だけではNG。それを示すエピソードのようなものを書かなくては意味がない。

---Point---

自己紹介欄の項目はすべて「自己PR」。自分はこういう人間であることを印象づけ，それがさらに企業への「志望動機」につながっていくような書き方をする。

---

column　履歴書やエントリーシートは，共通でもいい？

　「履歴書」や「エントリーシート」は企業によって書き分ける。業種はもちろん，同じ業界の企業であっても求めている人材が違うからだ。各書類は提出前にコピーを取り，さらに出した企業名を忘れずに書いておくことも大切だ。

写真	スナップ写真は不可。 スーツ着用で，胸から上の物を使用する。ポイントは「清潔感」。 氏名・大学名を裏書きしておく。
日付	郵送の場合は投函する日，持参する場合は持参日の日付を記入する。
生年月日	西暦は避ける。元号を省略せずに記入する。
氏名	戸籍上の漢字を使う。印鑑押印欄があれば忘れずに押す。
住所	フリガナ欄がカタカナであればカタカナで，平仮名であれば平仮名で記載する。
学歴	最初の行の中央部に「学□□歴」と2文字程度間隔を空けて，中学校卒業から大学（卒業・卒業見込み）まで記入する。 中途退学の場合は，理由を簡潔に記載する。留年は記入する必要はない。 職歴がなければ，最終学歴の一段下の行の右隅に，「以上」と記載する。
職歴	最終学歴の一段下の行の中央部に「職□□歴」と2文字程度間隔を空け記入する。 「株式会社」や「有限会社」など，所属部門を省略しないで記入する。 「同上」や「〃」で省略しない。 最終職歴の一段下の行の右隅に，「以上」と記載する。
資格・免許	4級以下は記載しない。学習中のものも記載して良い。 「普通自動車第一種運転免許」など，省略せずに記載する。
趣味・特技	具体的に（例：読書でもジャンルや好きな作家を）記入する。
志望理由	その企業の強みや良い所を見つけ出したうえで，「自分の得意な事」がどう活かせるかなどを考えぬいたものを記入する。
自己PR	応募企業の事業内容や職種にリンクするような，自分の経験やスキルなどを記入する。
本人希望欄	面接の連絡方法，希望職種・勤務地などを記入する。「特になし」や空白はNG。
家族構成	最初に世帯主を書き，次に配偶者，それから家族を祖父母，兄弟姉妹の順に。続柄は，本人から見た間柄。兄嫁は，義姉と書く。
健康状態	「良好」が一般的。

01 エントリーシートの目的

・応募者を，決められた採用予定者数に絞り込むこと

・面接時の資料にする

の2つ。

■知りたいのは職務遂行能力

採用担当者が学生を見る場合は，「こいつは与えられた仕事をこなせるかどうか」という目で見ている。企業に必要とされているのは仕事をする能力なのだ。

> 質問に忠実に，"自分がいかにその会社の求める人材に当てはまるか"を
> 丁寧に答えること。

02 効果的なエントリーシートの書き方

■情報を伝える書き方

課題をよく理解していることを相手に伝えるような気持ちで書く。

■文章力

大切なのは全体のバランスが取れているか。書く前に，何をどれくらいの字数で収めるか計算しておく。

「起承転結」でいえば，「起」は，文章を起こす導入部分。「承」は，起を受けて，その提起した問題に対して承認を求める部分。「転」は，自説を展開する部分。もっともオリジナリティが要求される。「結」は，最後の締めの結論部分。文章の構成・まとめる力で，総合的な能力が高いことをアピールする。

▶エントリーシートでよく取り上げられる題材と，その出題意図

エントリーシートで求められるものは，「自己PR」「志望動機」「将来どうなりたいか（目指すこと）」の3つに大別される。

1.「自己PR」

自己分析にしたがって作成していく。重要なのは，「なぜそうしようと思ったか？」「○○をした結果，何が変わったのか？何を得たのか？」という"連続性"が分かるかどうかがポイント。

2.「志望動機」

自己PRと一貫性を保ち，業界志望理由と企業志望理由を差別化して表現するように心がける。志望する業界の強みと弱み，志望企業の強みと弱みの把握は基本。

3.「将来の展望」

どんな社員を目指すのか，仕事へはどう臨もうと思っているか，目標は何か，などが問われる。仕事内容を事前に把握しておくだけでなく，5年後の自分，10年後の自分など，具体的な将来像を描いておくことが大切。

表現力，理解力のチェックポイント

❏文法，語法が正しいかどうか
❏論旨が論理的で一貫しているかどうか
❏1センテンスが簡潔かどうか
❏表現が統一されているかどうか（「です，ます」調か「だ，である」調か）

01 個人面接

●自由面接法

　面接官と受験者のキャラクターやその場の雰囲気，質問と応答の進行具合などによって雑談形式で自由に進められる。

●標準面接法

　自由面接法とは逆に，質問内容や評価の基準などがあらかじめ決まっている。実際には自由面接法と併用で，おおまかな質問事項や判定基準，評価ポイントを決めておき，質疑応答の内容上の制限を緩和しておくスタイルが一般的。1次面接などでは標準面接法をとり，2次以降で自由面接法をとる企業も多い。

●非指示面接法

　受験者に自由に発言してもらい，面接官は話題を引き出したりするときなど，最小限の質問をするという方法。

●圧迫面接法

　わざと受験者の精神状態を緊張させ，受験者がどのような応答をするかを観察し，判定する。受験者は，冷静に対応することが肝心。

02 集団面接

　面接の方法は個人面接と大差ないが，面接官がひとつの質問をして，受験者が順にそれに答えるという方法と，面接官が司会役になって，座談会のような形式で進める方法とがある。

　座談会のようなスタイルでの面接は，なるべく受験者全員が関心をもっているような話題を取りあげ，意見を述べさせるという方法。この際，司会役以外の面接官は一言も発言せず，判定・評価に専念する。

グループディスカッション（以下，GD）の時間は30〜60分程度，1グループの人数は5〜10人程度で，司会は面接官が行う場合や，時間を決めて学生が交替で行うことが多い。面接官は内容については特に指示することはなく，受験者がどのようにGDを進めるかを観察する。

評価のポイントは，全体的には理解力，表現力，指導性，積極性，協調性など，個別的には性格，知識，適性などが観察される。

GDの特色は，集団の中での個人ということで，受験者の能力がどの程度のものであるか，また，どのようなことに向いているかを判定できること。受験者は，グループの中における自分の位置を面接官に印象づけることが大切だ。

グループディスカッション方式の面接におけるチェックポイント

❏ 全体の中で適切な論点を提供できているかどうか。
❏ 問題解決に役立つ知識を持っているか，また提供できているかどうか。
❏ もつれた議論を解きほぐし，的はずれの議論を元に引き戻す努力をしているかどうか。
❏ グループ全体としての目標をいつも考えているかどうか。
❏ 感情的な対立や攻撃をしかけているようなことはないか。
❏ 他人の意見に耳を傾け，よい意見には賛意を表し，それを全体に推し広げようという寛大さがあるかどうか。
❏ 議論の流れを自然にリードするような主導性を持っているかどうか。
❏ 提出した意見が議論の進行に大きな影響を与えているかどうか。

04 面接時の注意点

●控え室

控え室には，指定された時間の15分前には入室しよう。そこで担当の係から，面接に際しての注意点や手順の説明が行われるので，疑問点は積極的に聞くようにし，心おきなく面接にのぞめるようにしておこう。会社によっては，所定のカードに必要事項を書き込ませたり，お互いに自己紹介をさせたりする場合もある。また，この控え室での行動も細かくチェックして，合否の資料にしている会社もある。

●入室・面接開始

　係員がドアの開閉をしてくれる場合もあるが，それ以外は軽くノックして入室し，必ずドアを閉める。そして入口近くで軽く一礼し，面接官か補助員の「どうぞ」という指示で正面の席に進み，ここで再び一礼をする。そして，学校名と氏名を名のって静かに着席する。着席時は，軽く椅子にかけるようにする。

●面接終了と退室

　面接の終了が告げられたら，椅子から立ち上がって一礼し，椅子をもとに戻して，面接官または係員の指示を受けて退室する。

　その際も，ドアの前で面接官のほうを向いて頭を下げ，静かにドアを開閉する。控え室に戻ったら，係員の指示を受けて退社する。

05 面接試験の評定基準

●協調性

　企業という「集団」では，他人との協調性が特に重視される。

　感情や態度が円満で調和がとれていること，極端に好悪の情が激しくなく，物事の見方や考え方が穏健で中立であることなど，職場での人間関係を円滑に進めていくことのできる人物かどうかが評価される。

●話し方

　外観印象的には，言語の明瞭さや応答の態度そのものがチェックされる。小さな声で自信のない発言，乱暴野卑な発言は減点になる。

　考えをまとめたら，言葉を選んで話すくらいの余裕をもって，真剣に応答しようとする姿勢が重視される。軽率な応答をしたり，まして発言に矛盾を指摘されるような事態は極力避け，もしそのような状況になりそうなときは，自分の非を認めてはっきりと謝るような態度を示すべき。

●好感度

　実社会においては，外観による第一印象が，人間関係や取引に大きく影響を及ぼす。

　「フレッシュな爽やかさ」に加え，入社志望など，自分の意思や希望をより明確にすることで，強い信念に裏づけられた姿勢をアピールできるよう努力したい。

●判断力

何を質問されているのか，何を答えようとしているのか，常に冷静に判断していく必要がある。

●表現力

話に筋道が通り理路整然としているか，言いたいことが簡潔に言えるか，話し方に抑揚があり聞く者に感銘を与えるか，用語が適切でボキャブラリーが豊富かどうか。

●積極性

活動意欲があり，研究心旺盛であること，進んで物事に取り組み，創造的に解決しようとする意欲が感じられること，話し方にファイトや情熱が感じられること，など。

●計画性

見通しをもって順序よく合理的に仕事をする性格かどうか，またその能力の有無。企業の将来性のなかに，自分の将来をどうかみ合わせていこうとしているか，現在の自分を出発点として，何を考え，どんな仕事をしたいのか。

●安定性

情緒の安定は，社会生活に欠くことのできない要素。自分自身をよく知っているか，他の人に流されない信念をもっているか。

●誠実性

自分に対して忠実であろうとしているか，物事に対してどれだけ誠実な考え方をしているか。

●社会性

企業は集団活動なので，自分の考えに固執したり，不平不満が多い性格は向かない。柔軟で適応性があるかどうか。

Point

清潔感や明朗さ，若々しさといった外観面も重視される。

---

06 面接試験の質問内容

1. 志望動機

受験先の概要や事業内容はしっかりと頭の中に入れておく。また，その企業の企業活動の社会的意義と，自分自身の志望動機との関連を明確にしておく。「安定している」「知名度がある」「将来性がある」といった利己的な動機，「自

分の性格に合っている」というような，あいまいな動機では説得力がない。安定性や将来性は，具体的にどのような企業努力によって支えられているのかという考察も必要だし，それに対する受験者自身の評価や共感なども問われる。

①どうしてその業種なのか

②どうしてその企業なのか

③どうしてその職種なのか

以上の①〜③と，自分の性格や資質，専門などとの関連性を説明できるようにしておく。

自分がどうしてその会社を選んだのか，どこに大きな魅力を感じたのかを，できるだけ具体的に，情熱をもって語ることが重要。自分の長所と仕事の適性を結びつけてアピールし，仕事のやりがいや仕事に対する興味を述べるのもよい。

■複数の企業を受験していることは言ってもいい？

同じ職種，同じ業種で何社かかけもちしている場合，正直に答えてもかまわない。しかし，「第一志望はどこですか」というような質問に対して，正直に答えるべきかどうかというと，やはりこれは疑問がある。どんな会社でも，他社を第一志望にあげられれば，やはり愉快には思わない。

また，職種や業種の異なる会社をいくつか受験する場合も同様で，極端に性格の違う会社をあげれば，その矛盾を突かれるのは必至だ。

2. 仕事に対する意識・職業観

採用試験の段階では，次年度の配属予定が具体的に固まっていない会社もかなりある。具体的に職種や部署などを細分化して募集している場合は別だが，そうでない場合は，希望職種をあまり狭く限定しないほうが賢明。どの業界においても，採用後，新入社員には，研修としてその会社の各セクションをひと通り経験させる企業は珍しくない。そのうえで，具体的な配属計画を検討するのだ。

大切なことは，就職や職業というものを，自分自身の生き方の中にどう位置づけるか，また，自分の生活の中で仕事とはどういう役割を果たすのかを考えてみること。つまり自分の能力を活かしたい，社会に貢献したい，自分の存在価値を社会的に実現してみたい，ある分野で何か自分の力を試してみたい……，などの場合を考え，それを自分自身の人生観，志望職種や業種などとの関係を考えて組み立ててみる。自分の人生観をもとに，それを自分の言葉で表現できるようにすることが大切。

3. 自己紹介・自己PR

性格そのものを簡単に変えたり，欠点を克服したりすることは実際には難しいが，"仕方がない"という姿勢を見せることは禁物で，どんなささいなことでも，努力している面をアピールする。また一般的にいって，専門職を除けば，就職時になんらかの資格や技能を要求する企業は少ない。

ただ，資格をもっていれば採用に有利とは限らないが，専門性を要する業種では考慮の対象とされるものもある。たとえば英検，簿記など。

企業が学生に要求しているのは，4年間の勉学を重ねた学生が，どのように仕事に有用であるかということで，学生の知識や学問そのものを聞くのが目的ではない。あくまで，社会人予備軍としての謙虚さと素直さを失わないようにする。

知識や学力よりも，その人の人間性，ビジネスマンとしての可能性を重視するからこそ，面接担当者は，学生生活全般について尋ねることで，書類だけでは分からない人間性を探ろうとする。

何かうち込んだものや思い出に残る経験などは，その人の人間的な成長になんらかの作用を及ぼしているものだ。どんな経験であっても，そこから受けた印象や教訓などは，明確に答えられるようにしておきたい。

4. 一般常識・時事問題

一般常識・時事問題については筆記試験の分野に属するが，面接でこうしたテーマがもち出されることも珍しくない。受験者がどれだけ社会問題に関心をもっているか，一般常識をもっているか，また物事の見方・考え方に偏りがないかなどを判定する。知識や教養だけではなく，一問一答の応答を通じて，その人の性格や適応能力まで判断されることになる。

07 面接に向けての事前準備

■面接試験1カ月前までには万全の準備をととのえる

●志望会社・職種の研究

新聞の経済欄や経済雑誌などのほか，会社年鑑，株式情報など書物による研究をしたり，インターネットにあがっている企業情報や，検索によりさまざまな角度から調べる。すでにその会社へ就職している先輩や知人に会って知識を得たり，大学のキャリアセンターへ情報を求めるなどして総合的に判断する。

■専攻科目の知識・卒論のテーマなどの整理

大学時代にどれだけ勉強してきたか，専攻科目や卒論のテーマなどを整理しておく。

■**時事問題に対する準備**

毎日欠かさず新聞を読む。志望する企業の話題は，就職ノートに整理するなどもアリ。

面接当日の必需品

- ❏ 必要書類（履歴書，卒業見込証明書，成績証明書，健康診断書，推薦状）
- ❏ 学生証
- ❏ 就職ノート（志望企業ファイル）
- ❏ 印鑑，朱肉
- ❏ 筆記用具（万年筆，ボールペン，サインペン，シャープペンなど）
- ❏ 手帳，ノート
- ❏ 地図（訪問先までの交通機関などをチェックしておく）
- ❏ 現金（小銭も用意しておく）
- ❏ 腕時計（オーソドックスなデザインのもの）
- ❏ ハンカチ，ティッシュペーパー
- ❏ くし，鏡（女性は化粧品セット）
- ❏ シューズクリーナー
- ❏ ストッキング
- ❏ 折りたたみ傘（天気予報をチェックしておく）
- ❏ 携帯電話，充電器

理論編 **STEP6** 　　**筆記試験の種類**

■一般常識試験

社会人として企業活動を行ううえで最低限必要となる一般常識のほか，
英語，国語，社会(時事問題)，数学などの知識の程度を確認するもの。

　難易度はおおむね中学・高校の教科書レベル。一般常識の問題集を1冊やっ
ておけばよいが，業界によっては専門分野が出題されることもあるため，必ず
志望する企業のこれまでの試験内容は調べておく。

■一般常識試験の対策

・英語　慣れておくためにも，教科書を復習する，英字新聞を読むなど。

・国語　漢字，四字熟語，反対語，同音異義語，ことわざをチェック。

・時事問題　新聞や雑誌,テレビ,ネットニュースなどアンテナを張っておく。

■適性検査

　SPI（Synthetic Personality Inventory）試験（SPI3試験）とも呼ばれ，能力
テストと性格テストを合わせたもの。

　能力テストでは国語能力を測る「言語問題」と，数学能力を測る「非言語問題」
がある。言語的能力，知覚能力，数的能力のほか，思考・推理能力，記憶力，
注意力などの問題で構成されている。

　性格テストは「はい」か「いいえ」で答えていく。仕事上の適性と性格の傾向
などが一致しているかどうかをみる。

SPIは職務への適応性を客観的にみるためのもの。

01 「論文」と「作文」

　一般に「論文」はあるテーマについて自分の意見を述べ，その論証をする文章で，必ず意見の主張とその論証という2つの部分で構成される。問題提起と論旨の展開，そして結論を書く。

　「作文」は，一般的には感想文に近いテーマ，たとえば「私の興味」「将来の夢」といったものがある。

　就職試験では「論文」と「作文」を合わせた"論作文"とでもいうようなものが出題されることが多い。

　論作文試験とは，「文章による面接」。テーマに書き手がどういう態度を持っているかを知ることが，出題の主な目的だ。受験者の知識・教養・人生観・社会観・職業観，そして将来への希望などが，どのような思考を経て，どう表現されているかによって，企業にとって，必要な人物かどうかを判断している。

　論作文の場合には，書き手の社会的意識や考え方に加え，「感銘を与える」働きが要求される。就職活動とは，企業に対し「自分をアピールすること」だということを常に念頭に置いておきたい。

Point

論文と作文の違い

	論　文	作　文
テーマ	学術的・社会的・国際的なテーマ。時事，経済問題など	個人的・主観的なテーマ。人生観，職業観など
表現	自分の意見や主張を明確に述べる。	自分の感想を述べる。
展開	四段型（起承転結）の展開が多い。	三段型（はじめに・本文・結び）の展開が多い。
文体	「だ調・である調」のスタイルが多い。	「です調・ます調」のスタイルが多い。

- **テーマ**

与えられた課題（テーマ）を，受験者はどのように理解しているか。

出題されたテーマの意義をよく考え，それに対する自分の意見や感情が，十分に整理されているかどうか。

- **表現力**

課題について本人が感じたり，考えたりしたことを，文章で的確に表しているか。

- **字・用語・その他**

かなづかいや送りがなが合っているか，文中で引用されている格言やことわざの類が使用法を間違えていないか，さらに誤字・脱字に至るまで，文章の基本的な力が受験者の人柄ともからんで厳密に判定される。

- **オリジナリティ**

魅力がある文章とは，オリジナリティを率直に出すこと。自分の感情や意見を，自分の言葉で表現する。

- **生活態度**

文章は，書き手の人格や人柄を映し出す。平素の社会的関心や他人との協調性，趣味や読書傾向はどうであるかといった，受験者の日常における生き方，生活態度がみられる。

- **字の上手・下手**

できるだけ読みやすい字を書く努力をする。また，制限字数より文章が長くなって原稿用紙の上下や左右の空欄に書き足したりすることは避ける。消しゴムで消す場合にも，丁寧に。

いずれの場合でも，表面的な文章力を問うているのではなく，受験者の人柄のほうを重視している。

マナーチェックリスト

就活において企業の人事担当は，面接試験やOG／OB訪問，そして面接試験において，あなたのマナーや言葉遣いといった，「常識力」をチェックしている。現在の自分はどのくらい「常識力」が身についているかをチェックリストで振りかえり，何ができて，何ができていないかを明確にしたうえで，今後の取り組みに生かしていこう。

評価基準　5：大変良い　4：やや良い　3：どちらともいえない　2：やや悪い　1：悪い

	項　目	評　価	メ　モ
挨拶	明るい笑顔と声で挨拶をしているか		
	相手を見て挨拶をしているか		
	相手より先に挨拶をしているか		
	お辞儀を伴った挨拶をしているか		
	直接の応対者でなくても挨拶をしているか		
表情	笑顔で応対しているか		
	表情に私的感情がでていないか		
	話しかけやすい表情をしているか		
	相手の話は真剣な顔で聞いているか		
身だしなみ	前髪は目にかかっていないか		
	髪型は乱れていないか／長い髪はまとめているか		
	髭の剃り残しはないか／化粧は健康的か		
	服は汚れていないか／清潔に手入れされているか		
	機能的で職業・立場に相応しい服装をしているか		
	華美なアクセサリーはつけていないか		
	爪は伸びていないか		
	靴下の色は適当か／ストッキングの色は自然な肌色か		
	靴の手入れは行き届いているか		
	ポケットに物を詰めすぎていないか		

	項　目	評　価	メ　モ
言葉遣い	専門用語を使わず，相手にわかる言葉で話しているか		
	状況や相手に相応しい敬語を正しく使っているか		
	相手の聞き取りやすい音量・速度で話しているか		
	語尾まで丁寧に話しているか		
	気になる言葉癖はないか		
動作	物の授受は両手で丁寧に実施しているか		
	案内・指し示し動作は適切か		
	キビキビとした動作を心がけているか		
心構え	勤務時間・指定時間の５分前には準備が完了しているか		
	心身ともに健康管理をしているか		
	仕事とプライベートの切替えができているか		

☑ 常に自己点検をするクセをつけよう

「人を表情やしぐさ，身だしなみなどの見かけで判断してはいけない」と一般にいわれている。確かに，人の個性は見かけだけではなく，内面においても見いだされるもの。しかし，私たちは人を第一印象である程度決めてしまう傾向がある。それが面接試験など初対面の場合であればなおさらだ。したがって，チェックリストにあるような挨拶，表情，身だしなみ等に注意して面接試験に臨むことはとても重要だ。ただ，これらは面接試験前にちょっと対策したからといって身につくようなものではない。付け焼き刃的な対策をして面接試験に臨んでも，面接官はあっという間に見抜いてしまう。日頃からチェックリストにあるような項目を意識しながら行動することが大事であり，そうすることで，最初はぎこちない挨拶や表情等も，その人の個性に応じたすばらしい所作へ変わっていくことができるのだ。さっそく，本日から実行してみよう。

面接試験において，印象を決定づける表情はとても大事。
どのようにすれば感じのいい表情ができるのか，ポイントを確認していこう。

明るく,温和で 柔らかな表情をつくろう

人間関係の潤滑油

表情に関しては，まずは豊かである
ということがベースになってくる。う
れしい表情，困った表情，驚いた表
情など，さまざまな気持ちを表現で
きるということが，人間関係を潤いの
あるものにしていく。

Point

　表情はコミュニケーションの大前提。相手に「いつでも話しかけてくださ
いね」という無言の言葉を発しているのが，就活に求められる表情だ。面接
官が安心してコミュニケーションをとろうと思ってくれる表情。それが，明
るく，温和で柔らかな表情となる。

いますぐデキる
カンタンTraining

Training **01**

喜怒哀楽を表してみよう

- ・人との出会いを楽しいと思うことが表情の基本
- ・表情を豊かにする大前提は相手の気持ちに寄り添うこと
- ・目元・口元だけでなく，眉の動きを意識することが大事

Training **02**

表情筋のストレッチをしよう

- ・表情筋は「ウイスキー」の発音によって鍛える
- ・意識して毎日，取り組んでみよう
- ・笑顔の共有によって相手との距離が縮まっていく

コミュニケーションは挨拶から始まり，その挨拶ひとつで印象は変わるもの。ポイントを確認していこう。

丁寧にしっかりと はっきり挨拶をしよう

人間関係の第一歩

挨拶は心を開いて，相手に近づくコミュニケーションの第一歩。たかが挨拶，されど挨拶の重要性をわきまえて，きちんとした挨拶をしよう。形，つまり"技"も大事だが，心をこめることが最も重要だ。

Point

　挨拶はコミュニケーションの第一歩。相手が挨拶するのを待っているのは望ましくない。挨拶の際のポイントは丁寧であることと，はっきり声に出すことの2つ。丁寧な挨拶は，相手を大事にして迎えている気持ちの表れとなる。はっきり声に出すことで，これもきちんと相手を迎えていることが伝わる。また，相手もその応答として挨拶してくれることで，会ってすぐに双方向のコミュニケーションが成立する。

いますぐデキる
カンタンTraining

Training 01

３つのお辞儀をマスターしよう

① 会釈（15度）　　　　　② 敬礼（30度）　　　　　③ 最敬礼（45度）

・息を吸うことを意識してお辞儀をするとキレイな姿勢に
・目線は真下ではなく，床前方1.5m先ぐらいを見よう
・相手への敬意を忘れずに

Training 02

対面時は言葉が先，お辞儀が後

・相手に体を向けて先に自ら挨拶をする
・挨拶時，相手とアイコンタクトを
　しっかり取ろう
・挨拶の後に，お辞儀をする。
　これを「語先後礼」という

就職活動のはじめかた　**145**

コミュニケーションは「話す」よりも「聞く」ことといわれる。相手が話しやすい聞き方の，ポイントを確認しよう。

受容の立場で
傾聴しよう

相手の話を受けとめる

話を聞くときは，やや前に傾く姿勢をとる。表情と姿勢が合わさることにより，話し手の心が開き「あれも，これも話そう」という気持ちになっていく。また，「はい」と一度のお辞儀で頷くと相手の話を受け止めているというメッセージにつながる。

Point

　話をすること，話を聞いてもらうことは誰にとってもプレッシャーを伴うもの。そのため，「何でも話して良いんですよ」「何でも話を聞きますよ」「心配しなくて良いんですよ」という気持ちで聞くことが大切になる。その気持ちが聞く姿勢に表れれば，相手は安心して話してくれる。

いますぐデキる

カンタンTraining

Training 01

頷きは一度で

- 相手が話した後に「はい」と
  一言発する
- 頷きすぎは逆効果

Training 02

目線は自然に

- 鼻の付け根あたりを見ると
  自然な印象に
- 目を見つめすぎるのはNG

Training 03

話の句読点で視線を移す

- 視線は話している人を見ることが基本
- 複数の人の話を聞くときは句読点を意識し、
  視線を振り分けることで聞く姿勢を表す

自分の意思を相手に明確に伝えるためには，話し方が重要となる。はっきりと的確に話すためのポイントを確認しよう。

明るい発声を
心がけよう

ボリュームを意識して

話すときのポイントとしては，ボリュームを意識することが挙げられる。会議室の一番奥にいる人に声が届くように意識することで，声のボリュームはコントロールされていく。

Point

　コミュニケーションとは「伝達」すること。どのようなことも，適当に伝えるのではなく，伝えるべきことがきちんと相手に届くことが大切になる。そのためには，はっきりと，分かりやすく，丁寧に，心を込めて話すこと。言葉だけでなく，表情やジェスチャーを加えることも有効。

カンタンTraining

Training 01

腹式呼吸で発声練習

- 「あえいうえおあお」と発声する
- 腹式呼吸は，胸部をなるべく動かさずに，息を吸うときにお腹や腰が膨らむよう意識する呼吸法

Training 02

早口言葉にチャレンジ

おあやや
母親に
お謝り

- 「おあやや，母親に，お謝り」と早口で
- 口がすぼまった「お」と口が開いた「あ」の発音に，変化をつけられるかがポイント

Training 03

ジェスチャーを有効活用

- 腰より上でジェスチャーをする
- 体から離した位置に手をもっていく
- ジェスチャーをしたら戻すところをさだめておく

身だしなみはその人自身を表すもの。身だしなみの基本について，ポイントを確認しよう。

清潔感,さわやかさを醸し出せるようにしよう

プロの企業人にふさわしい身だしなみを

信頼感，安心感をもたれる身だしなみを考えよう。TPOに合わせた服装は，すなわち"礼"を表している。そして，身だしなみには，「清潔感」，「品のよさ」，「控え目である」という，3つのポイントがある。

> **Point**
>
> 相手との心理的な距離や物理的な距離が遠ければ，コミュニケーションは成立しにくくなる。見た目が不潔では誰も近付いてこない。身だしなみが清潔であること，爽やかであることは相手との距離を縮めることにも繋がる。

いますぐデキる
カンタンTraining

Training 01

髪型，服装を整えよう

3分の1は額が見えるように

・男性も女性も眉が見える髪型が望ましい。3分の1は額が見えるように。額は知性と清潔感を伝える場所。男性の髪の長さは耳や襟にかからないように
・スーツで相手の前に立つときは，ボタンはすべて留める。男性の場合は下のボタンは外す

Training 02

おしゃれとの違いを明確に

・爪はできるだけ切りそろえる
・爪の中の汚れにも注意
・ジェルネイル，ネイルアートはNG

Training 03

足元にも気を配って

・女性の場合はパンプス，男性の場合は黒の紐靴が望ましい
・靴はこまめに汚れを落とし見栄えよく

姿勢にはその人の意欲が反映される。前向き，活動的な姿勢を表すにはどうしたらよいか，ポイントを確認しよう。

前向き,活動的な 姿勢を維持しよう

一直線と左右対称

正しい立ち姿として，耳，肩，腰，くるぶしを結んだ線が一直線に並んでいることが最大のポイントになる。そのラインが直線に近づくほど立ち姿がキレイに整っていることになる。また，"左右対称"というのもキレイな姿勢の要素のひとつになる。

Point

　姿勢は，身体と心の状態を反映するもの。そのため，良い姿勢でいることは，印象が清々しいだけでなく，健康で元気そうに見え，話しかけやすさにも繋がる。歩く姿勢，立つ姿勢，座る姿勢など，どの場面にも心身の健康状態が表れるもの。日頃から心身の健康状態に気を配り，フィジカルとメンタル両面の自己管理を心がけよう。

いますぐデキる

カンタンTraining

Training 01

キレイな歩き方を心がけよう

- ・女性は1本の線上を, 男性はそれよりも太い線上を沿うように歩く
- ・一歩踏み出したときに前の足に体重を乗せるように, 腰から動く
- ・12時の方向につま先をもっていく

Training 02

前向きな気持ちを持とう

- ・常に前向きな気持ちが姿勢を正す
- ・ポジティブ思考を心がけよう

言葉遣いの正しさはとは，場面にあった言葉を遣うということ。相手を気づかいながら，言葉を選ぶことで，より正しい言葉に近づいていく。

相手と場面に合わせた
ふさわしい言葉遣いを

次の文は接客の場面でよくある間違えやすい敬語です。
それぞれの言い方は〇×どちらでしょうか。

問1 「資料をご拝読いただきありがとうございます」

問2 「こちらのパンフレットはもういただかれましたか？」

問3 「恐れ入りますが，こちらの用紙にご記入してください」

問4 「申し訳ございませんが，来週，休ませていただきます」

問5 「先ほどの件，帰りましたら上司にご報告いたしますので」

Point

　ビジネスのシーンに敬語は欠くことができない。何度もやり取りをしていく中で，親しさの度合いによっては，あえてくだけた表現を用いることもあるが，「親しき仲にも礼儀あり」と言われるように，敬意や心づかいをおろそかにしてはいけないもの。相手に誤解されたり，相手の気分を壊すことのないように，相手や場面にふさわしい言葉遣いが大切になる。

問1 （×） ○正しい言い換え例

→「ご覧いただきありがとうございます」など

「拝読」は自分が「読む」意味の謙譲語なので，相手の行為に使うのは誤り。読むと見るは同義なため，多く，見るの尊敬語「ご覧になる」が用いられる。

問2 （×） ○正しい言い換え例

→「お持ちですか」「お渡ししましたでしょうか」 など

「いただく」は，食べる・飲む・もらうの謙譲語。「もらったかどうか」と聞きたいのだから，「おもらいになりましたか」と言えないこともないが，持っているかどうか，受け取ったかどうかという意味で「お持ちですか」などが使われることが多い。また，自分側が渡すような場合は，「お渡しする」を使って「お渡ししましたでしょうか」などの言い方に換えることもできる。

問3 （×） ○正しい言い換え例

→「恐れ入りますが，こちらの用紙にご記入ください」など

「ご記入する」の「お（ご）～する」は謙譲語の形。相手の行為を謙譲語で表すことになるため誤り。「して」を取り除いて「ご記入ください」か，和語に言い換えて「お書きください」とする。ほかにも「お書き／ご記入・いただけますでしょうか・願います」などの表現もある。

問4 （△）

有給休暇を取る場合や，弔事等で休むような場面で，用いられることも多い。「休ませていただく」ということで一見丁寧に響くが，「来週休むと自分で休みを決めている」という勝手な表現にも受け取られかねない言葉だ。ここは同じ「させていただく」を用いても，相手の都合をうかがう言い方に換えて「○○がございまして，申し訳ございませんが，休みをいただいてもよろしいでしょうか」などの言い換えが好ましい。

問5 （×） ○正しい言い換え例

→「上司に報告いたします」

「ご報告いたします」は，ソトの人との会話で使うとするならば誤り。「ご報告いたします」の「お・ご～いたす」は，「お・ご～する」と「～いたす」という2つの敬語を含む言葉。そのうちの「お・ご～する」は，主語である自分を低めて相手＝上司を高める働きをもつ表現（謙譲語Ⅰ）。一方「～いたす」は，主語の私を低めて，話の聞き手に対して丁重に述べる働きをもつ表現（謙譲語Ⅱ 丁重語）。「お・ご～する」も「～いたす」も同じ謙譲語であるため紛らわしいが，主語を低める（謙譲）という働きは同じでも，行為の相手を高める働きがあるかないかという点に違いがあるといえる。

敬語は正しく使用することで，相手の印象を大きく変えることができる。尊敬語，謙譲語の区別をはっきりつけて，誤った用法で話すことのないように気をつけよう。

言葉の使い方が
マナーを表す!

■よく使われる尊敬語の形　「言う・話す・説明する」の例

専用の尊敬語型	おっしゃる
～れる・～られる型	言われる・話される・説明される
お（ご）～になる型	お話しになる・ご説明になる
お（ご）～なさる型	お話しなさる・ご説明なさる

■よく使われる謙譲語の形　「言う・話す・説明する」の例

専用の謙譲語型	申す・申し上げる
お（ご）～する型	お話しする・ご説明する
お（ご）～いたす型	お話しいたします・ご説明いたします

Point

　同じ尊敬語・謙譲語でも，よく使われる代表的な形がある。ここではその一例をあげてみた。敬語の使い方に迷ったときなどは，まずはこの形を思い出すことで，大抵の語はこの型にはめ込むことができる。同じ言葉を用いたほうがよりわかりやすいといえるので，同義に使われる「言う・話す・説明する」を例に考えてみよう。

　ほかにも「お話しくださる」や「お話しいただく」「お元気でいらっしゃる」などの形もあるが，まずは表の中の形を見直そう。

■よく使う動詞の尊敬語・謙譲語
なお，尊敬語の中の「言われる」などの「れる・られる」を付けた形は省力している。

基本	尊敬語（相手側）	謙譲語（自分側）
会う	お会いになる	お目にかかる・お会いする
言う	おっしゃる	申し上げる・申す
行く・来る	いらっしゃる おいでになる お見えになる お越しになる お出かけになる	伺う・参る お伺いする・参上する
いる	いらっしゃる・おいでになる	おる
思う	お思いになる	存じる
借りる	お借りになる	拝借する・お借りする
聞く	お聞きになる	拝聴する 拝聞する お伺いする・伺う お聞きする
知る	ご存じ（知っているという意で）	存じ上げる・存じる
する	なさる	いたす
食べる・飲む	召し上がる・お召し上がりになる お飲みになる	いただく・頂戴する
見る	ご覧になる	拝見する
読む	お読みになる	拝読する

「お伺いする」「お召し上がりになる」などは，「伺う」「召し上がる」自体が敬語なので
「二重敬語」ですが，慣習として定着しており間違いではないもの。

Point

　上記の「敬語表」は，よく使うと思われる動詞をそれぞれ尊敬語・謙譲語
で表したもの。このように大体の言葉は型にあてはめることができる。言
葉の中には「お（ご）」が付かないものもあるが，その場合でも「〜なさる」
を使って，「スピーチなさる」や「運営なさる」などと言うことができる。ま
た，表では，「言う」の尊敬語「言われる」の例は省いているが，れる・ら
れる型の「言われる」よりも「おっしゃる」「お話しになる」「お話しなさる」
などの言い方のほうが，より敬意も高く，言葉としても何となく響きが落ち
着くといった印象を受けるものとなる。

会話は相手があってのこと。いかなる場合でも，相手に対する心くばりを忘れないことが，会話をスムーズに進めるためのコツになる。

心くばりを添えるひと言で
言葉の印象が変わる!

　相手に何かを頼んだり，また相手の依頼を断ったり，相手の抗議に対して反論したりする場面では，いきなり自分の意見や用件を切り出すのではなく，場面に合わせて心くばりを伝えるひと言を添えてから本題に移ると，響きがやわらかくなり，こちらの意向も伝えやすくなる。俗にこれは「クッション言葉」と呼ばれている。（右表参照）

Point

　ビジネスの場面で，相手と話したり手紙やメールを送る際には，何か依頼事があってという場合が多いもの。その場合に「ちょっとお願いなんですが…」では，ふだんの会話と変わりがないものになってしまう。そこを「突然のお願いで恐れ入りますが」「急にご無理を申しまして」「こちらの勝手で恐縮に存じますが」「折り入ってお願いしたいことがございまして」などの一言を添えることで，直接的なきつい感じが和らぐだけでなく，「申し訳ないのだけれど，もしもそうしていただくことができればありがたい」という，相手への配慮や願いの気持ちがより強まる。このような前置きの言葉もうまく用いて，言葉に心くばりを添えよう。

相手の意向を尋ねる場合	「よろしければ」「お差し支えなければ」 「ご都合がよろしければ」「もしお時間がありましたら」 「もしお嫌いでなければ」「ご興味がおありでしたら」
相手に面倒を かけてしまうような場合	「お手数をおかけしますが」 「ご面倒をおかけしますが」 「お手を煩わせまして恐縮ですが」 「お忙しい時に申し訳ございませんが」 「お時間を割いていただき申し訳ありませんが」 「貴重なお時間を頂戴し恐縮ですが」
自分の都合を 述べるような場合	「こちらの勝手で恐縮ですが」 「こちらの都合（ばかり）で申し訳ないのですが」 「私どもの都合ばかりを申しまして，まことに申し訳なく存じますが」 「ご無理を申し上げまして恐縮ですが」
急な話をもちかけた場合	「突然のお願いで恐れ入りますが」 「急にご無理を申しまして」 「もっと早くにご相談申し上げるべきところでございましたが」 「差し迫ってのことでまことに申し訳ございませんが」
何度もお願いする場合	「たびたびお手数をおかけしまして恐縮に存じますが」 「重ね重ね恐縮に存じますが」 「何度もお手を煩わせまして申し訳ございませんが」 「ご面倒をおかけしてばかりで，まことに申し訳ございませんが」
難しいお願いをする場合	「ご無理を承知でお願いしたいのですが」 「たいへん申し上げにくいのですが」 「折り入ってお願いしたいことがございまして」
あまり親しくない相手に お願いする場合	「ぶしつけなお願いで恐縮ですが」 「ぶしつけながら」 「まことに厚かましいお願いでございますが」
相手の提案・誘いを断る場合	「申し訳ございませんが」 「（まことに）残念ながら」 「せっかくのご依頼ではございますが」 「たいへん恐縮ですが」 「身に余るお言葉ですが」 「まことに失礼とは存じますが」 「たいへん心苦しいのですが」 「お引き受けしたいのはやまやまですが」
問い合わせの場合	「つかぬことをうかがいますが」 「突然のお尋ねで恐縮ですが」

ここでは文章の書き方における，一般的な敬称について言及している。はがき，手紙，メール等，通信手段はさまざま。それぞれの特性をふまえて有効活用しよう。

相手の気持ちになって
見やすく美しく書こう

■敬称のいろいろ

敬称	使う場面	例
様	職名・役職のない個人	（例）飯田知子様／ご担当者様／経理部長　佐藤一夫様
殿	職名・組織名・役職のある個人(公用文など)	（例）人事部長殿／教育委員会殿／田中四郎殿
先生	職名・役職のない個人	（例）松井裕子先生
御中	企業・団体・官公庁などの組織	（例）○○株式会社御中
各位	複数あてに同一文書を出すとき	（例）お客様各位／会員各位

Point

　封筒・はがきの表書き・裏書きは縦書きが基本だが，洋封筒で親しい人にあてる場合は，横書きでも問題ない。いずれにせよ，定まった位置に，丁寧な文字でバランス良く，正確に記すことが大切。特に相手の住所や名前を乱雑な文字で書くのは，配達の際の間違いを引き起こすだけでなく，受け取る側に不快な思いをさせる。相手の気持ちになって，見やすく美しく書くよう心がけよう。

■各通信手段の長所と短所

	長所	短所	用途
封書	・封を開けなければ本人以外の目に触れることがない。 ・丁寧な印象を受ける。	・多量の資料・画像送付には不向き。 ・相手に届くまで時間がかかる。	・儀礼的な文書(礼状・わび状など) ・目上の人あての文書 ・重要な書類 ・他人に内容を読まれたくない文書
はがき・カード	・封書よりも気軽にやり取りできる。 ・年賀状や季節の便り，旅先からの連絡など絵はがきとしても楽しむことができる。	・封に入っていないため，第三者の目に触れることがある。 ・中身が見えるので，改まった礼状やわび状，こみ入った内容には不向き。 ・相手に届くまで時間がかかる。	・通知状　　・案内状 ・送り状　　・旅先からの便り ・各種お祝い　・お礼 ・季節の挨拶
FAX	・手書きの図やイラストを文章といっしょに送れる。 ・すぐに届く。 ・控えが手元に残る。	・多量の資料の送付には不向き。 ・事務的な用途で使われることが多く，改まった内容の文書，初対面の人へは不向き。	・地図，イラストの入った文書 ・印刷物（本・雑誌など）
電話	・急ぎの連絡に便利。 ・相手の反応をすぐに確認できる。 ・直接声が聞けるので，安心感がある。	・連絡できる時間帯が制限される。 ・長々としたこみ入った内容は伝えづらい。	・緊急の用件 ・確実に用件を伝えたいとき
メール	・瞬時に届く。　・控えが残る。 ・コストが安い。 ・大容量の資料や画像をデータで送ることができる。 ・一度に大勢の人に送ることができる。 ・相手の居場所や状況を気にせず送れる。	・事務的な印象を与えるので，改まった礼状やわび状には不向き。 ・パソコンや携帯電話を持っていない人には送れない。 ・ウィルスなどへの対応が必要。	・データで送りたいとき ・ビジネス上の連絡

Point

　はがきは手軽で便利だが，おわびやお願い，格式を重んじる手紙には不向きとなる。この種の手紙は内容もこみ入ったものとなり，加えて丁寧な文章で書かなければならないので，数行で済むことはまず考えられない。また，封筒に入っていないため，他人の目に触れるという難点もある。このように，はがきにも長所と短所があるため，使う場面や相手によって，他の通信手段と使い分けることが必要となる。

　はがき以外にも，封書・電話・FAX・メールなど，現代ではさまざまな通信手段がある。上に示したように，それぞれ長所と短所があるので，特徴を知って用途によって上手に使い分けよう。

社会人のマナーとして，電話応対のスキルは必要不可欠。まずは失礼なく電話に出ることからはじめよう。積極性が重要だ。

相手の顔が見えない分
対応には細心の注意を

■電話をかける場合

① ○○先生に電話をする

　×「私，□□社の××と言いますが，○○様はおられますでしょうか？」

　○「××と申しますが，○○様はいらっしゃいますか？」

「おられますか」は「おる」を謙譲語として使うため，通常は相手がいるかどうかに関しては，「いらっしゃる」を使うのが一般的。

② 相手の状況を確かめる

　×「こんにちは，××です，先日のですね…」

　○「××です，先日は有り難うございました，今お時間よろしいでしょうか？」

相手が忙しくないかどうか，状況を聞いてから話を始めるのがマナー。また，やむを得ず夜間や早朝，休日などに電話をかける際は，「夜分（朝早く）に申し訳ございません」「お休みのところ恐れ入ります」などのお詫びの言葉もひと言添えて話す。

③ 相手が不在，何時ごろ戻るかを聞く場合

　×「戻りは何時ごろですか？」

　○「何時ごろお戻りになりますでしょうか？」

「戻り」はそのままの言い方，相手にはきちんと尊敬語を使う。

④ また自分からかけることを伝える

　×「そうですか，ではまたかけますので」

　○「それではまた後ほど（改めて）お電話させていただきます」

戻る時間がわかる場合は，「またお戻りになりましたころにでも」「また午後にでも」などの表現もできる。

① 電話を取ったら

× 「はい，もしもし，○○（社名）ですが」
○ 「はい，○○（社名）でございます」

② 相手の名前を聞いて

× 「どうも，どうも」
○ 「いつもお世話になっております」

あいさつ言葉として定着している決まり文句ではあるが，日頃のお付き合いがあってこそ。あいさつ言葉もきちんと述べよう。「お世話様」という言葉も時折耳にするが，敬意が軽い言い方となる。適切な言葉を使い分けよう。

③ 相手が名乗らない

× 「どなたですか？」「どちらさまですか？」
○ 「失礼ですが，お名前をうかがってもよろしいでしょうか？」

名乗るのが基本だが，尋ねる態度も失礼にならないように適切な応対を心がけよう。

④ 電話番号や住所を教えてほしいと言われた場合

× 「はい，いいでしょうか？」　　× 「メモのご用意は？」
○ 「はい，申し上げます，よろしいでしょうか？」

「メモのご用意は？」は，一見親切なようにも聞こえるが，尋ねる相手も用意していることがほとんど。押し付けがましくならない程度に。

⑤ 上司への取次を頼まれた場合

× 「はい，今代わります」　　× 「○○部長ですね，お待ちください」
○ 「部長の○○でございますね，ただいま代わりますので，少々お待ちくださいませ」

○○部長という表現は，相手側の言い方となる。自分側を述べる場合は，「部長の○○」「○○」が適切。

Point

自分から電話をかける場合は，まずは自分の会社名や氏名を名乗るのがマナー。たとえ目的の相手が直接出た場合でも，電話では相手の様子が見えないことがほとんど。自分の勝手な判断で話し始めるのではなく，相手の都合を伺い，そのうえで話を始めるのが社会人として必要な気配りとなる。

デキるオトナをアピール

時候の挨拶

月	漢語調の表現 候，みぎりなどを付けて用いられます	口語調の表現
1月 (睦月)	初春・新春　頌春・ 小寒・大寒・厳寒	皆様におかれましては，よき初春をお迎えのことと存じます／厳しい寒さが続いております／珍しく暖かな寒の入りとなりました／大寒という言葉通りの厳しい寒さでございます
2月 (如月)	春寒・余寒・残寒・ 立春・梅花・向春	立春とは名ばかりの寒さ厳しい毎日でございます／梅の花もちらほらとふくらみ始め，春の訪れを感じる今日この頃です／春の訪れが待ち遠しいこのごろでございます
3月 (弥生)	早春・浅春・春寒・ 春分・春暖	寒さもようやくゆるみ，日ましに春めいてまいりました／ひと雨ごとに春めいてまいりました／日増しに暖かさが加わってまいりました
4月 (卯月)	春暖・陽春・桜花・ 桜花爛漫	桜花爛漫の季節を迎えました／春光うららかな好季節となりました／花冷えとでも申しましょうか，何だか肌寒い日が続いております
5月 (皐月)	新緑・薫風・惜春・ 晩春・立夏・若葉	風薫るさわやかな季節を迎えました／木々の緑が目にまぶしいようでございます／目に青葉，山ほととぎす，初鰹の句も思い出される季節となりました
6月 (水無月)	梅雨・向暑・初夏・ 薄暑・麦秋	初夏の風もさわやかな毎日でございます／梅雨前線が近づいてまいりました／梅雨の晴れ間にのぞく青空は，まさに夏を思わせるようです
7月 (文月)	盛夏・大暑・炎暑・ 酷暑・猛暑	梅雨が明けたとたん，うだるような暑さが続いております／長い梅雨も明け，いよいよ本格的な夏がやってまいりました／風鈴の音がわずかに涼を運んでくれているようです
8月 (葉月)	残暑・晩夏・処暑・ 秋暑	立秋とはほんとうに名ばかりの厳しい暑さの毎日です／残暑たえがたい毎日でございます／朝夕はいくらかしのぎやすくなってまいりました
9月 (長月)	初秋・新秋・爽秋・ 新涼・清涼	九月に入りましてもなお，日差しの強い毎日です／暑さもやっとおとろえはじめたようでございます／残暑も去り，ずいぶんとしのぎやすくなってまいりました
10月 (神無月)	清秋・錦秋・秋涼・ 秋冷・寒露	秋風もさわやかな過ごしやすい季節となりました／街路樹の葉も日ごとに色を増しております／紅葉の便りの聞かれるころとなりました／秋深く，日増しに冷気も加わってまいりました
11月 (霜月)	晩秋・暮秋・霜降・ 初霜・向寒	立冬を迎え，まさに冬到来を感じる寒さです／木枯らしの季節になりました／日ごとに冷気が増すようでございます／朝夕はひときわ冷え込むようになりました
12月 (師走)	寒冷・初冬・師走・ 歳晩	師走を迎え，何かと慌ただしい日々をお過ごしのことと存じます／年の瀬も押しつまり，何かとお忙しくお過ごしのことと存じます／今年も残すところわずかとなりました，お忙しい毎日とお察しいたします

いますぐデキる
シチュエーション別会話例

シチュエーション1　取引先との会話

「非常に素晴らしいお話で感心しました」→NG！

「感心する」は相手の立派な行為や，優れた技量などに心を動かされるという意味。意味としては間違いではないが，目上の人に用いると，偉そうに聞こえかねない表現。「感動しました」などに言い換えるほうが好ましい。

シチュエーション2　子どもとの会話

「お母さんは，明日はいますか？」→NG！

たとえ子どもとの会話でも，子どもの年齢によっては，ある程度の敬語を使うほうが好ましい。「明日はいらっしゃいますか」では，むずかしすぎると感じるならば，「お出かけですか」などと表現することもできる。

シチュエーション3　同僚との会話

「今，お暇ですか」→NG？

同じ立場同士なので，暇に「お」が付いた形で「お暇」ぐらいでも構わないともいえるが，「暇」というのは，するべきことも何もない時間という意味。そのため「お暇ですか」では，あまりにも直接的になってしまう。その意味では「手が空いている」→「空いていらっしゃる」→「お手透き」などに言い換えることで，やわらかく敬意も含んだ表現になる。

シチュエーション4　上司との会話

「なるほどですね」→NG！

「なるほど」とは，相手の言葉を受けて，自分も同意見であることを表すため，相手の言葉・意見を自分が評価するというニュアンスも含まれている。そのため自分が評価して述べているという偉そうな表現にもなりかねない。同じ同意ならば，頷き「おっしゃる通りです」などの言葉のほうが誤解なく伝わる。

就職活動のはじめかた　**165**

就活スケジュールシート

■年間スケジュールシート

1月	2月	3月	4月	5月	6月
企業関連スケジュール					
自己の行動計画					

就職活動をすすめるうえで，当然重要になってくるのは，自己のスケジュール管理だ。企業の選考スケジュールを把握することも大切だが，自分のペースで進めることになる自己分析や業界・企業研究，面接試験のトレーニング等の計画を立てることも忘れてはいけない。スケジュールシートに「記入」する作業を通して，短期・長期の両方の面から就職試験を考えるきっかけにしよう。

7月	8月	9月	10月	11月	12月
企業関連スケジュール					
自己の行動計画					

第4章

SPI対策

ほとんどの企業では，基本的な資質や能力を見極めるため適性検査を実施しており，現在最も使われているのがリクルートが開発した「SPI」である。

テストの内容は，「言語能力」「非言語能力」「性格」の3つに分かれている。その人がどんな人物で，どんな仕事で力を発揮しやすいのか，また，どんな組織になじみやすいかなどを把握するために行われる。

この章では，SPIの「言語能力」及び「非言語能力」の分野で，頻出内容を絞って，演習問題を構成している。演習問題に複数回チャレンジし，解説をしっかりと熟読して，学習効果を高めよう。

SPI 対策

●SPIとは

　SPIは，Synthetic Personality Inventoryの略称で，株式会社リクルートが開発・販売を行っている就職採用向けのテストである。昭和49年から提供が始まり，平成14年と平成25年の2回改訂が行われ，現在はSPI3が最新になる。

　SPIは，応募者の仕事に対する適性，職業の適性能力，興味や関心を見極めるのに適しており，現在の就職採用テストでは主流となっている。

　SPIは，「知的能力検査」と「性格検査」の2領域にわけて測定され，知的能力検査は「言語能力検査（国語）」と「非言語能力検査（数学）」に分かれている。オプション検査として，「英語（ENG）検査」を実施することもある。性格適性検査では，性格を細かく分析するために，非常に多くの質問が出される。SPIの性格適性検査では，正式な回答はなく，全ての質問に正直に答えることが重要である。

　本章では，その中から，「言語能力検査」と「非言語能力検査」に絞って収録している。

●SPIを利用する企業の目的

　①：志望者から人数を絞る

　一部上場企業にもなると，数万単位の希望者が応募してくる。基本的な資質能力や会社への適性能力を見極めるため，SPIを使って，人数の絞り込みを行う。

　②：知的能力を見極める

　SPIは，応募者1人1人の基本的な知的能力を比較することができ，それによって，受検者の相対的な知的能力を見極めることが可能になる。

　③：性格をチェックする

　その職種に対する適性があるが，300程度の簡単な質問によって発想力やパーソナリティを見ていく。性格検査なので，正解というものはなく，正直に回答していくことが重要である。

● SPIの受検形式

　SPIは，企業の会社説明会や会場で実施される「ペーパーテスト形式」と，パソコンを使った「テストセンター形式」とがある。

　近年，ペーパーテスト形式は減少しており，ほとんどの企業が，パソコンを使ったテストセンター形式を採用している。志望する企業がどのようなテストを採用しているか，早めに確認し，対策を立てておくこと。

● SPIの出題形式

　SPIは，言語分野，非言語分野，英語（ENG），性格適性検査に出題形式が分かれている。

科目	出題範囲・内容
言語分野	二語の関係，語句の意味，語句の用法，文の並び換え，空欄補充，熟語の成り立ち，文節の並び換え，長文読解　等
非言語分野	推論，場合の数，確率，集合，損益算，速度算，表の読み取り，資料の読み取り，長文読み取り　等
英語（ENG）	同意語，反意語，空欄補充，英英辞書，誤文訂正，和文英訳，長文読解　等
性格適性検査	質問：300問程度　時間：約35分

● 受検対策

　本章では，出題が予想される問題を厳選して収録している。問題と解答だけではなく，詳細な解説も収録しているので，分からないところは複数回問題を解いてみよう。

言語分野

二語関係

同音異義語

●**あいせき**
哀惜　死を悲しみ惜しむこと
愛惜　惜しみ大切にすること

●**いぎ**
意義　意味・内容・価値
異議　他人と違う意見
威儀　いかめしい挙動
異義　異なった意味

●**いし**
意志　何かをする積極的な気持ち
意思　しようとする思い・考え

●**いどう**
異同　異なり・違い・差
移動　場所を移ること
異動　地位・勤務の変更

●**かいこ**
懐古　昔を懐かしく思うこと
回顧　過去を振り返ること
解雇　仕事を辞めさせること

●**かいてい**
改訂　内容を改め直すこと
改定　改めて定めること

●**かんしん**
関心　気にかかること
感心　心に強く感じること
歓心　嬉しいと思う心

寒心　肝を冷やすこと

●**きてい**
規定　規則・定め
規程　官公庁などの規則

●**けんとう**
見当　だいたいの推測・判断・
　　　めあて
検討　調べ究めること

●**こうてい**
工程　作業の順序
行程　距離・みちのり

●**じき**
直　　すぐに
時期　時・折り・季節
時季　季節・時節
時機　適切な機会

●**しゅし**
趣旨　趣意・理由・目的
主旨　中心的な意味

●**たいけい**
体型　人の体格
体形　人や動物の形態
体系　ある原理に基づき個々のも
　　　のを統一したもの
大系　系統立ててまとめた叢書

●**たいしょう**

対象　行為や活動が向けられる相
　　　手
対称　対応する位置にあること
対照　他のものと照らし合わせる
　　　こと

●たんせい
端正　人の行状が正しくきちんと
　　　しているさま
端整　人の容姿が整っているさま

●はんざつ
繁雑　ごたごたと込み入ること

煩雑　煩わしく込み入ること

●ほしょう
保障　保護して守ること
保証　確かだと請け合うこと
補償　損害を補い償うこと

●むち
無知　知識・学問がないこと
無恥　恥を知らないこと

●ようけん
要件　必要なこと
用件　なすべき仕事

同訓漢字

●あう
合う…好みに合う。答えが合う。
会う…客人と会う。立ち会う。
遭う…事故に遭う。盗難に遭う。

●あげる
上げる…プレゼントを上げる。効
　　　　果を上げる。
挙げる…手を挙げる。全力を挙げ
　　　　る。
揚げる…凧を揚げる。てんぷらを
　　　　揚げる。

●あつい
暑い…夏は暑い。暑い部屋。
熱い…熱いお湯。熱い視線を送る。
厚い…厚い紙。面の皮が厚い。
篤い…志の篤い人。篤い信仰。

●うつす
写す…写真を写す。文章を写す。
映す…映画をスクリーンに映す。
　　　鏡に姿を映す。

●おかす
冒す…危険を冒す。病に冒された
　　　人。
犯す…犯罪を犯す。法律を犯す。
侵す…領空を侵す。プライバシー
　　　を侵す。

●おさめる
治める…領地を治める。水を治め
　　　　る。
収める…利益を収める。争いを収
　　　　める。
修める…学問を修める。身を修め
　　　　る。
納める…税金を納める。品物を納
　　　　める。

●かえる
変える…世界を変える。性格を変
　　　　える。
代える…役割を代える。背に腹は
　　　　代えられぬ。

替える…円をドルに替える。服を
　　　替える。

●きく
聞く…うわさ話を聞く。明日の天
　　　気を聞く。
聴く…音楽を聴く。講義を聴く。

●しめる
閉める…門を閉める。ドアを閉め
　　　る。
締める…ネクタイを締める。気を
　　　引き締める。
絞める…首を絞める。絞め技をか
　　　ける。

●すすめる
進める…足を進める。話を進める。
勧める…縁談を勧める。加入を勧
　　　める。
薦める…生徒会長に薦める。

●つく
付く…傷が付いた眼鏡。気が付く。
着く…待ち合わせ場所の公園に着
　　　く。地に足が着く。

就く…仕事に就く。外野の守備に
　　　就く。

●つとめる
務める…日本代表を務める。主役
　　　を務める。
努める…問題解決に努める。療養
　　　に努める。
勤める…大学に勤める。会社に勤
　　　める。

●のぞむ
望む…自分の望んだ夢を追いかけ
　　　る。
臨む…記者会見に臨む。決勝に臨
　　　む。

●はかる
計る…時間を計る。将来を計る。
測る…飛行距離を測る。水深を測
　　　る。

●みる
見る…月を見る。ライオンを見る。
診る…患者を診る。脈を診る。

演習問題

1 　カタカナで記した部分の漢字として適切なものはどれか。
　1　手続きがハンザツだ　　　　　　　【汎雑】
　2　誤りをカンカすることはできない　【観過】
　3　ゲキヤクなので取扱いに注意する　【激薬】
　4　クジュウに満ちた選択だった　　　【苦重】
　5　キセイの基準に従う　　　　　　　【既成】

2 下線部の漢字として適切なものはどれか。

家で飼っている熱帯魚を<u>かんしょう</u>する。

1 干渉
2 観賞
3 感傷
4 勧奨
5 鑑賞

3 下線部の漢字として適切なものはどれか。

彼に責任を<u>ついきゅう</u>する。

1 追窮
2 追究
3 追給
4 追求
5 追及

4 下線部の語句について，両方とも正しい表記をしているものはどれか。

1 私と母とは<u>相生</u>がいい。　　・この歌を<u>愛唱</u>している。
2 それは<u>規成</u>の事実である。　・<u>既製品</u>を買ってくる。
3 <u>同音異義語</u>を見つける。　　・会議で<u>意議</u>を申し立てる。
4 選挙の<u>大勢</u>が決まる。　　　・作曲家として<u>大成</u>する。
5 <u>無常</u>の喜びを味わう。　　　・<u>無情</u>にも雨が降る。

5 下線部の漢字として適切なものはどれか。

彼の体調は<u>かいほう</u>に向かっている。

1 介抱
2 快方
3 解放
4 回報
5 開放

◯◯◯解答・解説◯◯◯

1 5

解説 1 「煩雑」が正しい。「汎」は「汎用(はんよう)」などと使う。2 「看過」が正しい。「観」は「観光」や「観察」などと使う。 3 「劇薬」が正しい。「少量の使用であってもはげしい作用のするもの」という意味であるが「激」を使わないことに注意する。 4 「苦渋」が正しい。苦しみ悩むという意味で、「苦悩」と同意であると考えてよい。 5 「既成概念」などと使う場合もある。同音で「既製」という言葉があるが、これは「既製服」や「既製品」という言葉で用いる。

2 2

解説 同音異義語や同訓異字の問題は、その漢字を知っているだけでは対処できない。「植物や魚などの美しいものを見て楽しむ」場合は「観賞」を用いる。なお、「芸術作品」に関する場合は「鑑賞」を用いる。

3 5

解説 「ついきゅう」は、特に「追究」「追求」「追及」が頻出である。「追究」は「あることについて徹底的に明らかにしようとすること」、「追求」は「あるものを手に入れようとすること」、「追及」は「後から厳しく調べること」という意味である。ここでは、「責任」という言葉の後にあるので、「厳しく」という意味が含まれている「追及」が適切である。

4 4

解説 1の「相生」は「相性」、2の「規成」は「既成」、3の「意議」は「異議」、5の「無常」は「無上」が正しい。

5 2

解説 「快方」は「よい方向に向かっている」という意味である。なお、1は病気の人の世話をすること、3は束縛を解いて自由にすること、4は複数人で回し読む文書、5は出入り自由として開け放つ、の意味。

四字熟語

□曖昧模糊　あいまいもこ―はっきりしないこと。

□阿鼻叫喚　あびきょうかん―苦しみに耐えられないで泣き叫ぶこと。はなはだしい惨状を形容する語。

□暗中模索　あんちゅうもさく―暗闇で手さぐりでものを探すこと。様子がつかめずどうすればよいかわからないままやってみること。

□以心伝心　いしんでんしん―無言のうちに心から心に意思が通じ合うこと。

□一言居士　いちげんこじ―何事についても自分の意見を言わなければ気のすまない人。

□一期一会　いちごいちえ―一生のうち一度だけの機会。

□一日千秋　いちじつせんしゅう―一日会わなければ千年も会わないように感じられることから，一日が非常に長く感じられること。

□一念発起　いちねんほっき―決心して信仰の道に入ること。転じてある事を成就させるために決心すること。

□一網打尽　いちもうだじん―一網打つだけで多くの魚を捕らえることから，一度に全部捕らえること。

□一獲千金　いっかくせんきん―一時にたやすく莫大な利益を得ること。

□一挙両得　いっきょりょうとく―一つの行動で二つの利益を得ること。

□意馬心猿　いばしんえん―馬が走り，猿が騒ぐのを抑制できないことにたとえ，煩悩や欲望の抑えられないさま。

□意味深長　いみしんちょう―意味が深く含蓄のあること。

□因果応報　いんがおうほう―よい行いにはよい報いが，悪い行いには悪い報いがあり，因と果とは相応じるものであるということ。

□慇懃無礼　いんぎんぶれい―うわべはあくまでも丁寧だが，実は尊大であること。

□有為転変　ういてんぺん―世の中の物事の移りやすくはかない様子のこと。

□右往左往　うおうさおう―多くの人が秩序もなく動き，あっちへ行ったりこっちへ来たり，混乱すること。

□右顧左眄　うこさべん—右を見たり，左を見たり，周囲の様子ばかりう
　　　　　かがっていて決断しないこと。

□有象無象　うぞうむぞう—世の中の無形有形の一切のもの。たくさん集
　　　　　まったつまらない人々。

□海千山千　うみせんやません—経験を積み，その世界の裏まで知り抜い
　　　　　ている老獪な人。

□紆余曲折　うよきょくせつ—まがりくねっていること。事情が込み入っ
　　　　　て，状況がいろいろ変化すること。

□雲散霧消　うんさんむしょう—雲や霧が消えるように，あとかたもなく
　　　　　消えること。

□栄枯盛衰　えいこせいすい—草木が繁り，枯れていくように，盛んになっ
　　　　　たり衰えたりすること。世の中の浮き沈みのこと。

□栄耀栄華　えいようえいが—権力や富貴をきわめ，おごりたかぶること。

□会者定離　えしゃじょうり—会う者は必ず離れる運命をもつということ。
　　　　　人生の無常を説いたことば。

□岡目八目　おかめはちもく—局外に立ち，第三者の立場で物事を観察す
　　　　　ると，その是非や損失がよくわかるということ。

□温故知新　おんこちしん—古い事柄を究め新しい知識や見解を得るこ
　　　　　と。

□臥薪嘗胆　がしんしょうたん—たきぎの中に寝，きもをなめる意で，目
　　　　　的を達成するのために苦心，苦労を重ねること。

□花鳥風月　かちょうふうげつ—自然界の美しい風景，風雅のこころ。

□我田引水　がでんいんすい—自分の利益となるように発言したり行動し
　　　　　たりすること。

□画竜点睛　がりょうてんせい—竜を描いて最後にひとみを描き加えたと
　　　　　ころ，天に上ったという故事から，物事を完成させるために
　　　　　最後に付け加える大切な仕上げ。

□夏炉冬扇　かろとうせん—夏の火鉢，冬の扇のようにその場に必要のな
　　　　　い事物。

□危急存亡　ききゅうそんぼう—危機が迫ってこのまま生き残れるか滅び
　　　　　るかの瀬戸際。

□疑心暗鬼　ぎしんあんき—心の疑いが妄想を引き起こして実際にはいな
　　　　　い鬼の姿が見えるようになることから，疑心が起こると何で

もないことまで恐ろしくなること。

□玉石混交　ぎょくせきこんこう―すぐれたものとそうでないものが入り混じっていること。

□荒唐無稽　こうとうむけい―言葉や考えによりどころがなく，とりとめもないこと。

□五里霧中　ごりむちゅう―迷って考えの定まらないこと。

□針小棒大　しんしょうぼうだい―物事を大袈裟にいうこと。

□大同小異　だいどうしょうい―細部は異なっているが総体的には同じであること。

□馬耳東風　ばじとうふう―人の意見や批評を全く気にかけず聞き流すこと。

□波瀾万丈　はらんばんじょう―さまざまな事件が次々と起き，変化に富むこと。

□付和雷同　ふわらいどう――定の見識がなくただ人の説にわけもなく賛同すること。

□粉骨砕身　ふんこつさいしん―力の限り努力すること。

□羊頭狗肉　ようとうくにく―外見は立派だが内容がともなわないこと。

□竜頭蛇尾　りゅうとうだび―初めは勢いがさかんだが最後はふるわないこと。

□臨機応変　りんきおうへん―時と場所に応じて適当な処置をとること。

演習問題

1 「海千山千」の意味として適切なものはどれか。
1　様々な経験を積み，世間の表裏を知り尽くしてずる賢いこと
2　今までに例がなく，これからもあり得ないような非常に珍しいこと
3　人をだまし丸め込む手段や技巧のこと
4　一人で千人の敵を相手にできるほど強いこと
5　広くて果てしないこと

2 四字熟語として適切なものはどれか。
　1　竜頭堕尾
　2　沈思黙考
　3　孟母断危
　4　理路正然
　5　猪突猛伸

3 四字熟語の漢字の使い方がすべて正しいものはどれか。
　1　純真無垢　　青天白日　　疑心暗鬼
　2　短刀直入　　自我自賛　　危機一髪
　3　厚顔無知　　思考錯誤　　言語同断
　4　異句同音　　一鳥一石　　好機当来
　5　意味深長　　興味深々　　五里霧中

4 「一蓮托生」の意味として適切なものはどれか。
　1　一味の者を一度で全部つかまえること。
　2　物事が順調に進行すること。
　3　ほかの事に注意をそらさず，一つの事に心を集中させているさま。
　4　善くても悪くても行動・運命をともにすること。
　5　妥当なものはない。

5 故事成語の意味で適切なものはどれか。
　「塞翁(さいおう)が馬」
　1　たいして差がない
　2　幸不幸は予測できない
　3　肝心なものが欠けている
　4　実行してみれば意外と簡単
　5　努力がすべてむだに終わる

○○○解答・解説○○○

1　1

解説　2は「空前絶後」，3は「手練手管」，4は「一騎当千」，5は「広大無辺」である。

2　2

解説　2の沈思黙考は，「思いにしずむこと。深く考えこむこと。」の意味である。なお，1は竜頭蛇尾(始めは勢いが盛んでも，終わりにはふるわないこと)，3は孟母断機(孟子の母が織りかけの織布を断って，学問を中途でやめれば，この断機と同じであると戒めた譬え)，4は理路整然(話や議論の筋道が整っていること)，5は猪突猛進(いのししのように向こう見ずに一直線に進むこと)が正しい。

3　1

解説　2は「単刀直入」「自画自賛」，3は「厚顔無恥」「試行錯誤」「言語道断」，4は「異口同音」「一朝一夕」「好機到来」，5は「興味津々」が正しい。四字熟語の意味を理解する際，どのような字で書かれているかを意識するとよい。

4　4

解説　「一蓮托生」は，よい行いをした者は天国に行き，同じ蓮の花の上に生まれ変わるという仏教の教えから，「(ことの善悪にかかわらず)仲間として行動や運命をともにすること」をいう。

5　2

解説　「塞翁が馬」は「人間万事塞翁が馬」と表す場合もある。1は「五十歩百歩」，3は「画竜点睛に欠く」，4は「案ずるより産むが易し」，5は「水泡に帰する」の故事成語の意味である。

文法

Ⅰ　品詞の種類

Ⅱ　動詞の活用形

活用	基本	語幹	未然	連用	終止	連体	仮定	命令
五段	読む	読	ま　も	み	む	む	め	め
上一段	見る	見	み	み	みる	みる	みれ	みよ
下一段	捨てる	捨	て	て	てる	てる	てれ	てよ てろ
カ変	来る	来	こ	き	くる	くる	くれ	こい
サ変	する	す	さ し せ	し	する	する	すれ	せよ しろ
主な接続語			ナイ ウ・ヨウ	マス テ・タ	言い切る	コト トキ	バ	命令

Ⅲ　形容詞の活用形

基本	語幹	未然	連用	終止	連体	仮定	命令
美しい	うつくし	かろ	かっ く	い	い	けれ	○
主な用法		ウ	ナル タ	言い切る	体言	バ	

Ⅳ　形容動詞の活用形

基本	語幹	未然	連用	終止	連体	仮定	命令
静かだ	静か	だろ	だっ　で　に	だ	な	なら	○
主な用法		ウ	タ　アル　ナル	言い切る	体言	バ	

Ⅴ　文の成分

主語・述語の関係………花が ― 咲いた。

修飾・被修飾の関係……きれいな ― 花。

接続の関係………………花が咲いたので，花見をした。

並立の関係………………赤い花と白い花。

補助の関係………………花が咲いている。（二文節で述語となっている）

〈副詞〉自立語で活用せず，単独で文節を作り，多く連用修飾語を作る。

状態を表すもの…………ついに・さっそく・しばらく・ぴったり・すっかり

程度を表すもの…………もっと・すこし・ずいぶん・ちょっと・ずっと

陳述の副詞………………決して～ない・なぜ～か・たぶん～だろう・もし～ば

〈助動詞〉付属語で活用し，主として用言や他の助動詞について意味を添える。

① 使役……せる・させる（学校に行かせる　服を着させる）

② 受身……れる・られる（先生に怒られる　人に見られる）

③ 可能……れる・られる（歩いて行かれる距離　まだ着られる服）

④ 自発……れる・られる（ふと思い出される　容態が案じられる）

⑤ 尊敬……れる・られる（先生が話される　先生が来られる）

⑥ 過去・完了……た（話を聞いた　公園で遊んだ）

⑦ 打消……ない・ぬ（僕は知らない　知らぬ存ぜぬ）

⑧ 推量……だろう・そうだ（晴れるだろう　晴れそうだ）

⑨ 意志……う・よう（旅行に行こう　彼女に告白しよう）

⑩ 様態……そうだ（雨が降りそうだ）

⑪ 希望……たい・たがる（いっぱい遊びたい　おもちゃを欲しがる）

⑫ 断定……だ（悪いのは相手の方だ）

⑬ 伝聞……そうだ（試験に合格したそうだ）

⑭ 推定……らしい（明日は雨らしい）

⑮ 丁寧……です・ます（それはわたしです　ここにあります）

⑯ 打消推量・打消意志……まい（そんなことはあるまい　けっして言うまい）

〈助詞〉付属語で活用せず，ある語について，その語と他の語との関係を補助したり，意味を添えたりする。

① 格助詞……主として体言に付き，その語と他の語の関係を示す。
  →が・の・を・に・へ・と・から・より・で・や
② 副助詞……いろいろな語に付いて，意味を添える。
  →は・も・か・こそ・さえ・でも・しか・まで・ばかり・だけ・など
③ 接続助詞……用言・活用語に付いて，上と下の文節を続ける。
  →ば・けれども・が・のに・ので・ても・から・たり・ながら
④ 終助詞……文末（もしくは文節の切れ目）に付いて意味を添える。
  →なあ（感動）・よ（念押し）・な（禁止）・か（疑問）・ね（念押し）

演習問題

1 次のア〜オのうち，下線部の表現が適切でないものはどれか。
 1 彼はいつもまわりに愛嬌をふりまいて，場を和やかにしてくれる。
 2 的を射た説明によって，よく理解することができた。
 3 舌先三寸で人をまるめこむのではなく，誠実に説明する。
 4 この重要な役目は，彼女に白羽の矢が当てられた。
 5 二の舞を演じないように，失敗から学ばなくてはならない。

2 次の文について，言葉の用法として適切なものはどれか。
 1 矢折れ刀尽きるまで戦う。
 2 ヘルプデスクに電話したが「分かりません」と繰り返すだけで取り付く暇もなかった。
 3 彼の言動は肝に据えかねる。
 4 彼は証拠にもなく何度も賭け事に手を出した。
 5 適切なものはない。

3 下線部の言葉の用法として適切なものはどれか。
 1 彼はのべつ暇なく働いている。
 2 あの人の言動は常軌を失っている。
 3 彼女は熱に泳がされている。
 4 彼らの主張に対して間髪をいれずに反論した。
 5 彼女の自分勝手な振る舞いに顔をひそめた。

4 次の文で，下線部が適切でないものはどれか。
1 ぼくの目標は，兄より早く走れるようになる<u>なること</u>です。
2 先生の<u>おっしゃること</u>をよく聞くのですよ。
3 昨日は家で本を読んだり，テレビを<u>見て</u>いました。
4 風にざわめく木々は，まるで私たちにあいさつをして<u>いるようだった</u>。
5 先生の業績については，よく<u>存じております</u>。

5 下線部の言葉の用法が適切でないものはどれか。
1 <u>急いては</u>事を<u>仕損じる</u>ので，マイペースを心がける。
2 彼女は<u>目端が利く</u>。
3 <u>世知辛い</u>世の中になったものだ。
4 安全を<u>念頭に置いて</u>作業を進める。
5 次の試験に<u>標準を合わせて</u>勉強に取り組む。

○○○解答・解説○○○

1 4

解 説 1の「愛嬌をふりまく」は，おせじなどをいい，明るく振る舞うこと，2の「的を射る」は的確に要点をとらえること，3の「舌先三寸」は口先だけの巧みに人をあしらう弁舌のこと，4はたくさんの中から選びだされるという意味だが，「白羽の矢が当てられた」ではなく，「白羽の矢が立った」が正しい。5の「二の舞を演じる」は他人がした失敗を自分もしてしまうという意味である。

2 5

解 説 1「刀折れ矢尽きる」が正しく，「なす術がなくなる」という意味である。　2　話を進めるきっかけが見つからない。すがることができない，という意味になるのは「取り付く島がない」が正しい。　3　「言動」という言葉から，「我慢できなくなる」という意味の言葉を使う必要がある。「腹に据えかねる」が正しい。　4　「何度も賭け事に手を出した」という部分から「こりずに」という意味の「性懲りもなく」が正しい。

3 4

解説 1「のべつ幕なしに」，2は「常軌を逸している」，3は「熱に浮かされている」，5は「眉をひそめた」が正しい。

4 3

解説 3は前に「読んだり」とあるので，後半も「見たり」にしなければならないが，「見ていました」になっているので表現として適当とはいえない。

5 5

解説 5は，「狙う，見据える」という意味の「照準」を使い，「照準を合わせて」と表記するのが正しい。

演習問題

[1] 次の文章を意味が通るように並べ替えたとき，順番として最も適切な
ものはどれか。

A　読書にしたしむ工夫の一つは，自分に興味のあるもの，いや，読み
出したらご飯を食べるのも忘れるほど興味のある本をまず読むことで
す。そんな本を見つけ出せというと，大変むつかしい注文のように聞
こえるけれども，決してそうではない。健康な中学生，高校生なら世
界の名作といわれるものの必ずしも全部ではないが，その半分，ある
いはその三分の一くらいの文学作品には，必ず強い興味をひかれるは
ずだと思うのです。

B　面白い長篇小説を読み上げると，きっと人に話したくなるものです
が，友だちにすすめてこれを読ませ，仲間で討論会―それほどむつか
しく考えなくてもいいけれども，ここは面白かった，あそこの意味は
よくわからなかった，というような話合いをすること，これが第二の
手だてです。手だてというとかた苦しいが，読後の感想を，気心の知
れた友達と語り合うということは，なかなか楽しいことなのです。話
合うクセがつくと，読んだことも頭と心に深くしみ込むし，また次の
本を読みたい気持もそそられてくるに違いありません。

C　自分の好きな本を見つけて，読み上げる。そういうことを何回も重
ねてゆくということが第一の手だてです。そうするうちに本を読むス
ピードも自然に早くなるし，また自分は大きな本でも読みあげる力が
あるという自信がつきます。すべての人間のすることは，ぼくにはこ
れがやれる，という自信をもってやらなければ，うまく成功しないも
のですが，読書もまた同じことで，自分の読書力についての自信を強
めることが第一です。そのためには若い諸君は，文学ならおもしろい
長篇小説，たとえばスタンダールの『赤と黒』だとか，トルストイの『復
活』だとか，あの程度の長さの名作を読むことをおすすめします。

（『私の読書遍歴』桑原武夫著）

1　A－B－C
2　A－C－B
3　B－C－A

```
4  C - B - A
5  C - A - B
```

2　次の文章中の（　　　）内に，あとのア～キの７つの文を並べ替えて入れると意味の通った文章になる。並べ方の最も適切なものはどれか。

　以上は，わたしが読む人間から書く人間へ変化していった過程である。わたしの精神が読む働きから書く働きへ移っていったコースである。もちろん，（　　　　　　　）特別の天才は別として，わたしたちは，多量の精神的エネルギーを放出しなければ，また，精神の戦闘的な姿勢がなければ，小さな文章でも書くことはできないのである。

ア　それに必要な精神的エネルギーの量から見ると，書く，読む，聞く……という順でしだいに減っていくようである。

イ　すなわち，読むという働きがまだ受動的であるのに反して，書くという働きは完全に能動的である。

ウ　しかし，書くという働きに必要なエネルギーは読むという働きに必要なエネルギーをはるかに凌駕する。

エ　そこには，精神の姿勢の相違がある。

オ　読むという働きは，聞くという働きなどに比べれば多量のエネルギーを必要とする。

カ　同様に精神の働きではあるが，一方はかなりパッシブであり，他方は極めてアクチブである。

キ　更に考えてみると，読む働きと書く働きとの間には，必要とするエネルギーの大小というだけでなく，もっと質的な相違があると言わねばならない。

```
1  ア - ウ - オ - キ - エ - イ - カ
2  オ - ウ - ア - キ - エ - イ - カ
3  オ - イ - カ - ウ - ア - キ - エ
4  エ - オ - ウ - イ - カ - キ - ア
5  オ - ア - イ - カ - ウ - キ - エ
```

3　次の文章の並べ替え方として最も適切なものはどれか。

A　マジックの番組かと思ったらそうではなかった。政治討論の番組であり，声を荒らげていたのは，年金の記録が不明確になってしまったものの表現について話している途中の部分だった。

B　政府側からみれば，「消えた」のではなく，誰に払うべきか分からな

くなってしまったものであるから，「宙に浮いた」と表現したいといったところか。

C　要するにどの立場に立つかによって表現の仕方は変わるのである。逆に言えば，どの表現を用いているかをみれば，その人が，どの立場で，誰の味方となって発言しているかが分かるのである。

D　もらえなかった人にとっては，「消えた」という表現がぴったりであろう。自分が信じて払い，受給する権利がなくなってしまうのであるから，それ以上の表現はない。

E　テレビをつけたままで仕事をしていたら，「消えたのではなく宙に浮いたのだ」と誰かが声を荒らげていた。

1　E－C－A－D－B
2　E－B－D－A－C
3　E－A－D－C－B
4　E－A－D－B－C
5　E－B－D－C－A

○○○解答・解説○○○

1 2

解説　Cに「第一の手だて」，Bに「第二の手だて」とあるので，C，Bという順番はわかるだろう。Aをどこに置くかで悩むかもしれないが，Cに「自分の好きな本を見つけて」とあり，これがAの「興味のある本を見つけ出すことは決して難しいことではない」という内容につながっていると考えられる。よって，Cの前にAが来ると考えられる。

2 2

解説　出典は清水幾太郎の『論文の書き方』ある。文章を整序する問題は，指示語や接続語に注意しながら，文意が通るように並べ替えていくことが大切である。この問題の場合，選択肢をヒントととらえると「もちろん」の直後には「ア・エ・オ」のいずれかが入ることがわかる。アは「それに必要な精神的エネルギーの量から見ると……」という文になっているので，文頭の「それに」は接続詞ではなく「それ（代名詞）＋に（助詞）」の指示語ととらえられる。そうすると，「もちろん」の直後に入れた場合文意が通らなくなるので，アで始まっている1は誤りとして消去できる。同様にエ

も「そこ」に注目すると文意が通らないことがわかるので，4も消去できる。オは文意が通るので2・3・5について検討していけばよいことになる。したがってオの後ろには「ア・イ・ウ」のいずれかが入ることがわかる。それぞれをあてはめていくと，逆接の接続詞「しかし」で始まっているウが最も文意が通ることに気づく。そうなると2しか残らない。2の順番どおりに読み進めていき，流れがおかしくないかどうか検討し，おかしくなければ正答とみなすことができる。よって，正答は2。

3 4

解説 作問者による書き下ろし。「発端」「発端についての説明」「まとめ」といった構成になっている。「発端」はEであり，「まとめ」の部分についてはCが該当する。「発端についての説明」については，Aにおいてテレビから聞こえた内容を明らかにし，「消えた」とする立場 (D)，「宙に浮いた」とする立場 (B) からそれぞれ説明している。

演習問題

1 家から駅までの道のりは30kmである。この道のりを，初めは時速5km，途中から，時速4kmで歩いたら，所要時間は7時間であった。時速5kmで歩いた道のりとして正しいものはどれか。

 1 8km 2 10km 3 12km 4 14km 5 15km

2 横の長さが縦の長さの2倍である長方形の厚紙がある。この厚紙の四すみから，一辺の長さが4cmの正方形を切り取って，折り曲げ，ふたのない直方体の容器を作る。その容積が64cm³のとき，もとの厚紙の縦の長さとして正しいものはどれか。

 1 $6 - 2\sqrt{3}$ 2 $6 - \sqrt{3}$ 3 $6 + \sqrt{3}$ 4 $6 + 2\sqrt{3}$
 5 $6 + 3\sqrt{3}$

3 縦50m，横60mの長方形の土地がある。この土地に，図のような直角に交わる同じ幅の通路を作る。通路の面積を土地全体の面積の$\dfrac{1}{3}$以下にするには，通路の幅を何m以下にすればよいか。

 1 8m 2 8.5m 3 9m 4 10m
 5 10.5m

4 下の図のような，曲線部分が半円で，1周の長さが240mのトラックを作る。中央の長方形ABCDの部分の面積を最大にするには，直線部分ADの長さを何mにすればよいか。次から選べ。

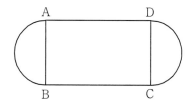

 1 56m 2 58m 3 60m 4 62m 5 64m

⑤ AとBの2つのタンクがあり，Aには8m³，Bには5m³の水が入っている。Aには毎分1.2m³，Bには毎分0.5m³ずつの割合で同時に水を入れ始めると，Aの水の量がBの水の量の2倍以上になるのは何分後からか。正しいものはどれか。

1 8分後   2 9分後   3 10分後   4 11分後   5 12分後

○○○解答・解説○○○

1 2

解説　時速5kmで歩いた道のりを$x$kmとすると，時速4kmで歩いた道のりは，$(30-x)$kmであり，時間＝距離÷速さ　であるから，次の式が成り立つ。

$$\frac{x}{5}+\frac{30-x}{4}=7$$

両辺に20をかけて，$4x+5(30-x)=7\times20$

整理して，$4x+150-5x=140$

よって，$x=10$ である。

2 4

解説　厚紙の縦の長さを$x$cmとすると，横の長さは$2x$cmである。また，このとき，容器の底面は，縦$(x-8)$cm，横$(2x-8)$cmの長方形で，容器の高さは4cmである。

厚紙の縦，横，及び，容器の縦，横の長さは正の数であるから，

$x>0$，$x-8>0$，$2x-8>0$

すなわち，$x>8$……①

容器の容積が64cm³であるから，

$4(x-8)(2x-8)=64$となり，

$(x-8)(2x-8)=16$

これより，$(x-8)(x-4)=8$

$x^2-12x+32=8$となり，$x^2-12x+24=0$

よって，$x=6\pm\sqrt{6^2-24}=6\pm\sqrt{12}=6\pm2\sqrt{3}$

このうち①を満たすものは，$x=6+2\sqrt{3}$

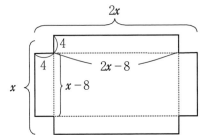

4

解説 通路の幅をxmとすると，$0<x<50$……①
また，$50x+60x-x^2 \leqq 1000$
よって，$(x-10)(x-100) \geqq 0$
したがって，$x \leqq 10$，$100 \leqq x$……②
①②より，$0<x \leqq 10$　つまり，10m以下。

3

解説 直線部分ADの長さをxmとおくと，$0<2x<240$より，
xのとる値の範囲は，$0<x<120$である。

半円の半径をrmとおくと，
$2\pi r = 240 - 2x$より，
$$r = \frac{120}{\pi} - \frac{x}{\pi} = \frac{1}{\pi}(120-x)$$

長方形ABCDの面積をym²とすると，

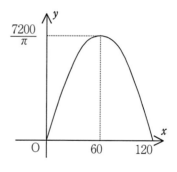

$$y = 2r \cdot x = 2 \cdot \frac{1}{\pi}(120-x)x$$
$$= -\frac{2}{\pi}(x^2 - 120x)$$
$$= -\frac{2}{\pi}(x-60)^2 + \frac{7200}{\pi}$$

この関数のグラフは，図のようになる。yは$x=60$のとき最大となる。

3

解説 x分後から2倍以上になるとすると，題意より次の不等式が成り立つ。

$$8 + 1.2x \geqq 2(5 + 0.5x)$$

かっこをはずして，$8 + 1.2x \geqq 10 + x$
整理して，$0.2x \geqq 2$　よって，$x \geqq 10$
つまり10分後から2倍以上になる。

演習問題

1 1個のさいころを続けて3回投げるとき，目の和が偶数になるような場合は何通りあるか。正しいものを選べ。

  1 106通り   2 108通り   3 110通り   4 112通り
  5 115通り

2 A，B，C，D，E，Fの6人が2人のグループを3つ作るとき，AとBが同じグループになる確率はどれか。正しいものを選べ。

  1 $\dfrac{1}{6}$ 2 $\dfrac{1}{5}$ 3 $\dfrac{1}{4}$ 4 $\dfrac{1}{3}$ 5 $\dfrac{1}{2}$

○○○解答・解説○○○

1 2

解説　和が偶数になるのは，3回とも偶数の場合と，偶数が1回で，残りの2回が奇数の場合である。さいころの目は，偶数と奇数はそれぞれ3個だから，

  (1) 3回とも偶数：$3 \times 3 \times 3 = 27$〔通り〕
  (2) 偶数が1回で，残りの2回が奇数
    ・偶数/奇数/奇数：$3 \times 3 \times 3 = 27$〔通り〕
    ・奇数/偶数/奇数：$3 \times 3 \times 3 = 27$〔通り〕
    ・奇数/奇数/偶数：$3 \times 3 \times 3 = 27$〔通り〕
したがって，合計すると，$27 + (27 \times 3) = 108$〔通り〕である。

2 2

解説　A，B，C，D，E，Fの6人が2人のグループを3つ作るときの，すべての作り方は$\dfrac{{}_6C_2 \times {}_4C_2}{3!} = 15$通り。このうち，AとBが同じグループになるグループの作り方は$\dfrac{{}_4C_2}{2!} = 3$通り。よって，求める確率は$\dfrac{3}{15} = \dfrac{1}{5}$である。

演習問題

1 次の図で，直方体ABCD－EFGHの辺 AB，BCの中点をそれぞれ
M，Nとする。この直方体を3点M，F，Nを通る平面で切り，頂点B
を含むほうの立体をとりさる。AD＝DC
＝8cm，AE＝6cmのとき，△MFNの
面積として正しいものはどれか。

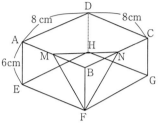

1 $3\sqrt{22}$〔cm²〕   2 $4\sqrt{22}$〔cm²〕
3 $5\sqrt{22}$〔cm²〕   4 $4\sqrt{26}$〔cm²〕
5 $4\sqrt{26}$〔cm²〕

2 右の図において，四角形ABCDは円に内
接しており，弧BC＝弧CDである。AB，AD
の延長と点Cにおけるこの円の接線との交点
をそれぞれP，Qとする。AC＝4cm，CD＝
2cm，DA＝3cmとするとき，△BPCと△
APQの面積比として正しいものはどれか。

1 1：5   2 1：6   3 1：7   4 2：15   5 3：20

3 1辺の長さが15のひし形がある。その対角線の長さの差は6である。
このひし形の面積として正しいものは次のどれか。

1 208   2 210   3 212   4 214   5 216

4 右の図において，円C_1の
半径は2，円C_2の半径は5，2
円の中心間の距離は$O_1O_2＝9$
である。2円の共通外接線lと2
円C_1，C_2との接点をそれぞれA，
Bとするとき，線分ABの長さ
として正しいものは次のどれ
か。

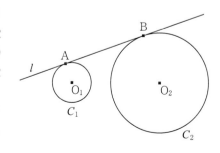

1 $3\sqrt{7}$ 2 8   3 $6\sqrt{2}$ 4 $5\sqrt{3}$ 5 $4\sqrt{5}$

5 下の図において，点Eは，平行四辺形ABCDの辺BC上の点で，AB
＝AEである。また，点Fは，線分AE上の点で，∠AFD＝90°である。
∠ABE＝70°のとき，∠CDFの大きさとして正しいものはどれか。

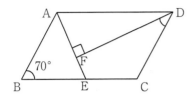

1　48°　　2　49°　　3　50°　　4　51°　　5　52°

6 底面の円の半径が4で，母線の長さが
12の直円すいがある。この円すいに内接
する球の半径として正しいものは次のど
れか。

1　$2\sqrt{2}$

2　3

3　$2\sqrt{3}$

4　$\dfrac{8}{3}\sqrt{2}$

5　$\dfrac{8}{3}\sqrt{3}$

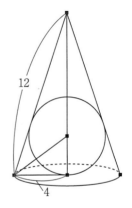

○○○解答・解説○○○

1　2

解説　△MFNはMF＝NFの二等辺三角形。MB＝$\dfrac{8}{2}$＝4，BF＝6より，

MF^2＝4^2＋6^2＝52

また，MN＝$4\sqrt{2}$

FからMNに垂線FTを引くと，△MFTで三平方の定理より，

FT^2＝MF^2－MT^2＝52－$\left(\dfrac{4\sqrt{2}}{2}\right)^2$＝52－8＝44

よって，FT＝$\sqrt{44}$＝$2\sqrt{11}$

したがって，△MFN＝$\dfrac{1}{2}$・$4\sqrt{2}$・$2\sqrt{11}$＝$4\sqrt{22}$〔cm^2〕

2 3

解説 ∠PBC = ∠CDA, ∠PCB = ∠BAC = ∠CADから,
△BPC∽△DCA

相似比は2:3, 面積比は, 4:9

また, △CQD∽△AQCで, 相似比は1:2, 面積比は1:4

したがって, △DCA:△AQC = 3:4

よって, △BPC:△DCA:△AQC = 4:9:12

さらに, △BPC∽△CPAで, 相似比1:2, 面積比1:4

よって, △BPC:△APQ = 4:(16+12) = 4:28 = 1:7

3 5

解説 対角線のうちの短い方の長さの半分の長さをxとすると, 長い方の対角線の長さの半分は, $(x+3)$と表せるから, 三平方の定理より次の式がなりたつ。

$$x^2 + (x+3)^2 = 15^2$$

整理して, $2x^2 + 6x - 216 = 0$　よって, $x^2 + 3x - 108 = 0$

$(x-9)(x+12) = 0$より, $x = 9, -12$　xは正だから, $x = 9$である。

したがって, 求める面積は, $4 \times \dfrac{9 \times (9+3)}{2} = 216$

4 5

解説 円の接線と半径より
$O_1A \perp l$, $O_2B \perp l$であるから,
点O_1から線分O_2Bに垂線O_1Hを
下ろすと, 四角形AO_1HBは長方
形で,

HB = O_1A = 2だから,

$O_2H = 3$

△O_1O_2Hで三平方の定理より,

$O_1H = \sqrt{9^2 - 3^2} = 6\sqrt{2}$

よって, AB = $O_1H = 6\sqrt{2}$

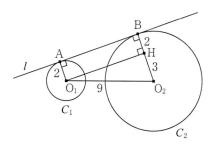

5 3

解説 ∠AEB＝∠ABE＝70° より，∠AEC＝180－70＝110°
また，∠ABE＋∠ECD＝180° より，∠ECD＝110°
四角形FECDにおいて，四角形の内角の和は360° だから，

∠CDF＝360°－（90°＋110°＋110°）＝50°

6 1

解説 円すいの頂点をA，球の中心を
O，底面の円の中心をHとする。3点A, O,
Hを含む平面でこの立体を切断すると，
断面は図のような二等辺三角形とその内
接円であり，求めるものは内接円の半径
OHである。

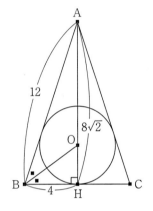

△ABHで三平方の定理より，
AH＝$\sqrt{12^2-4^2}$＝$8\sqrt{2}$

Oは三角形ABCの内心だから，BO
は∠ABHの2等分線である。

よって，AO：OH＝BA：BH＝3：1

OH＝$\dfrac{1}{4}$AH＝$2\sqrt{2}$

推理・推論

演習問題

1 O市，P市，Q市の人口密度（1km²あたりの人口）を下表に示して
ある，O市とQ市の面積は等しく，Q市の面積はP市の2倍である。

市	人口密度
O	390
P	270
Q	465

このとき，次の推論ア，イの正誤として，正しいものはどれか。

ア　P市とQ市を合わせた地域の人口密度は300である

イ　P市の人口はQ市の人口より多い

1　アもイも正しい

2　アは正しいが，イは誤り

3　アは誤りだが，イは正しい

4　アもイも誤り

5　アもイもどちらとも決まらない

2 2から10までの数を1つずつ書いた9枚のカードがある。A，B，C
の3人がこの中から任意の3枚ずつを取ったところ，Aの取ったカード
に書かれていた数の合計は15で，その中には，5が入っていた。Bの取っ
たカードに書かれていた数の合計は16で，その中には，8が入っていた。
Cの取ったカードに書かれていた数の中に入っていた数の1つは，次の
うちのどれか。

1　2　　2　3　　3　4　　4　6　　5　7

3 体重の異なる8人が，シーソーを使用して，一番重い人と2番目に
重い人を選び出したい。シーソーでの重さ比べを，少なくとも何回行わ
なければならないか。ただし，シーソーには両側に1人ずつしか乗らない
ものとする。

1　6回　　2　7回　　3　8回　　4　9回　　5　10回

4 A～Fの6人がゲーム大会をして、優勝者が決定された。このゲーム大会の前に6人は、それぞれ次のように予想を述べていた。予想が当たったのは2人のみで、あとの4人ははずれであった。予想が当たった2人の組み合わせとして正しいものはどれか。

A 「優勝者は、私かCのいずれかだろう。」
B 「優勝者は、Aだろう。」
C 「Eの予想は当たるだろう。」
D 「優勝者は、Fだろう。」
E 「優勝者は、私かFのいずれかだろう。」
F 「Aの予想ははずれるだろう。」

　　1 A, B　　2 A, C　　3 B, D　　4 C, D　　5 D, E

5 ある会合に参加した人30人について調査したところ、傘を持っている人、かばんを持っている人、筆記用具を持っている人の数はすべて1人以上29人以下であり、次の事実がわかった。

i) 傘を持っていない人で、かばんを持っていない人はいない。
ii) 筆記用具を持っていない人で、かばんを持っている人はいない。
このとき、確実に言えるのは次のどれか。

1 かばんを持っていない人で、筆記用具を持っている人はいない。
2 傘を持っている人で、かばんを持っている人はいない。
3 筆記用具を持っている人で、傘を持っている人はいない。
4 傘を持っていない人で、筆記用具を持っていない人はいない。
5 かばんを持っている人で、傘を持っている人はいない。

6 次A, B, C, D, Eの5人が、順に赤、緑、白、黒、青の5つのカードを持っている。また赤、緑、白、黒、青の5つのボールがあり、各人がいずれか1つのボールを持っている。各自のカードの色とボールの色は必ずしも一致していない。持っているカードの色とボールの色の組み合わせについてア、イのことがわかっているとき、Aの持っているボールの色は何色か。ただし、以下でXとY2人の色の組み合わせが同じであるとは、「Xのカード、ボールの色が、それぞれYのボール、カードの色と一致」していることを意味する。

ア　CとEがカードを交換すると、CとDの色の組み合わせだけが同じになる。
イ　BとDがボールを交換すると、BとEの色の組み合わせだけが同じ

になる。

1　青　　2　緑　　3　黒　　4　赤　　5　白

○○○解答・解説○○○

1 3

解説　「O市とQ市の面積は等しく，Q市の面積はP市の2倍」ということから，仮にO市とQ市の面積を1km²，P市の面積を2km²と考える。

ア…P市の人口は270×2＝540人，Q市の人口は465×1＝465人で，2つの市を合わせた地域の面積は3km2なので，人口密度は，（540＋465）÷3＝335人になる。

イ…P市の人口は540人，Q市は465人なので，P市の方が多いので正しいといえる。

よって推論アは誤りだが，推論イは正しい。

よって正解は3である。

2 3

解説　まず，Bが取った残りの2枚のカードに書かれていた数の合計は，16－8＝8である。したがって2枚のカードはどちらも6以下である。ところが「5」はAが取ったカードにあるから除くと，「2」，「3」，「4」，「6」の4枚となるが，この中で2数の和が8になるのは，「2」と「6」しかない。

　次にAが取った残りの2枚のカードに書かれていた数の合計は，15－5＝10である。したがって2枚のカードはどちらも8以下である。この中で，すでにA自身やBが取ったカードを除くと「3」，「4」，「7」の3枚となるが，この中で2数の和が10になるのは，「3」と「7」のみである。

　以上のことから，Cの取った3枚のカードは，AとBが取った残りの「4」「9」「10」である。

3 4

解説　全員の体重が異なるのだから，1人ずつ比較するしかない。したがって一番重い人を見つけるには，8チームによるトーナメント試合数，すなわち8－1＝7（回）でよい。図

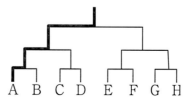

は8人をA～Hとしてその方法を表したもので，Aが最も重かった場合である。次に2番目に重い人の選び出し方であるが，2番目に重い人の候補になるのは，図でAと比較してAより軽いと判断された3人である。すなわち最初に比較したBと，2回目に比較したC，Dのうちの重い方と，最後にAと比較したE～Hの中で一番重い人の3人である。そしてこの3人の中で一番重い人を見つける方法は2回でよい。結局，少なくとも7＋2＝9（回）の重さ比べが必要であるといえる。

4 1

解説 下の表は，縦の欄に優勝したと仮定した人。横の欄に各人の予想が当たったか（○）はずれたか（×）を表したものである。

	A	B	C	D	E	F
A	○	○	×	×	×	×
B	×	×	×	×	×	○
C	○	×	×	×	×	×
D	×	×	×	×	×	○
E	×	×	○	×	○	×
F	×	×	○	○	○	○

「予想が当たったのは，2人のみ」という条件を満たすのは，Aが優勝したと仮定したときのAとBのみである。よって，1が正しい。

5 3

解説 ⅰ）ⅱ）より集合の包含関係は図のようになっている。

図より，傘を持っていない人の集合と，筆記用具を持っていない人の集

合の共通部分は空集合であり，選択肢1，2，3，5については必ずしも空集合とは限らない。

したがって，確実に言えるのは「傘を持っていない人で，筆記用具を持っていない人はいない」のみである。

6 5

解説 最初の状態は，

	A	B	C	D	E
カード	赤	緑	白	黒	青

まずアより，EとCがカードを交換した場合，CとDの色の組み合わせだけが同じになることから，ボールの色が次のように決まる。

	A	B	C	D	E
カード	赤	緑	青	黒	白
ボール			黒	青	

つまり，Cのボールが黒，Dのボールが青と決まる。
カード交換前のカードの色で表すと，

	A	B	C	D	E
カード	赤	緑	白	黒	青
ボール			黒	青	

さらにイより，BとDがボールを交換すると，BとEの色の組み合わせだけが同じになることから，Eのボールの色が緑ときまる。つまり，

	A	B	C	D	E
カード	赤	緑	白	黒	青
ボール			黒	青	緑

ここで，Bのボールの色が白だとすると，Dとボールを交換したときに，CとDが黒と白で同じ色の組み合わせになってしまう。したがって，Aのボールの色が白，Bのボールの色が赤といえる。

つまり，次のように決まる。

	A	B	C	D	E
カード	赤	緑	白	黒	青
ボール	白	赤	黒	青	緑

1 次の表は消防白書（総務省）より平成26年の出火原因別火災の発生状況とその損害額（千円）をまとめたものである。これについて正しいものはどれか。

出火原因	出火件数	損害額（千円）
放火	4884	3442896
こんろ	3484	3736938
たばこ	4088	4534257
放火の疑い	3154	2428493
たき火	2913	944074
火遊び	978	448466
火入れ	1665	257438
ストーブ	1426	5003139
電灯・電話の配線等	1298	5435929
配線器具	1193	2928339

（総務省消防庁『平成27年版　消防白書』より作成）

1 「火遊び」による損害額は最も低く，1件あたりの損害額も最も低くなっている。
2 「放火」による出火件数は最も多く，1件あたりの損害額は150万円を超える。
3 例年最も多い出火原因として挙げられるのは「放火」によるものである。
4 損害額が最も高い項目は，1件あたりの損害額も最も高くなっている。
5 損害額が3番目に高い項目は，1件あたりの損害額も同順位となっている。

2 次の表は2014年における各国の失業者数・失業率を示したものである。この表から正しくいえるものはどれか。

	失業者数（千人）	失業率（%）
日本	2359	3.6
フランス	3001	10.2
アメリカ	9616	6.2
韓国	937	3.5
ドイツ	2090	5.0
オーストラリア	745	6.1

(ILO "KILM 8th edition" より作成)

1　失業者数が最も多い国は，最も少ない国のおよそ15倍の人数である。
2　失業率が最も高い国は，失業者数も最も多くなっている。
3　日本の失業者数は，韓国の失業者数のおよそ2.5倍である。
4　失業率が最も低い国は，失業者数も最も少なくなっている。
5　ドイツはいずれの項目においても3番目に高い数値となっている。

3　次の表は各国の漁獲量（千t）を表している。この表から正しくいえるものはどれか。

	1960年	1980年	2000年	2014年
中国	2,215	3,147	14,982	17,514
インドネシア	681	1,653	4,159	6,508
アメリカ合衆国	2,715	3,703	4,760	4,984
インド	1,117	2,080	3,726	4,719
ロシア	3,066	9,502	4,027	4,233
ミャンマー	360	577	1,093	4,083

(帝国書院『地理データファイル2017年度版』より作成)

1　いずれの国においても，漁獲量は年々増加しており，2014年が最も大きい値となっている。
2　2014年におけるミャンマーの漁獲量は，1960年の漁獲量の12倍以上である。
3　2000年において漁獲量が最も少ない国は，2014年においても最も少ない漁獲量の数値を示している。
4　1980年における中国の漁獲量は，1960年の漁獲量の2倍以上である。
5　インドネシアにおける漁獲量は，いずれの年においてもアメリカの漁獲量を下回っている。

4 次の図は，わが国の製造業の事業所数，従業者数，出荷額について，平成7年の数値を100として表したものである（以下製造業を略す）。この図からいえることとして正しいものはどれか。

（経済産業省「工業統計調査」より作成）

1 平成15年の従業者数は平成12年の0.9倍以上である。
2 平成15年の1事業所当たりの出荷額は平成10年と比較して減少している。
3 平成10年の事業所数は平成15年の事業所数の1.2倍未満である。
4 平成12年の1事業所当たりの従業者数は平成10年と比較して増加している。
5 平成17年の1事業所当たりの出荷額は平成7年の1.4倍以上である。

5 次の表は，日本におけるサービス業，卸売・小売業，製造業の就業者数の推移を示したものである。この表から読み取れる内容についての記述として，妥当なものはどれか。

	就業者数（万人）			
	総数	サービス業	卸売・小売業	製造業
1970年	5,443	906	873	1,453
1980年	5,866	1,279	1,040	1,356
1990年	6,427	1,716	1,104	1,488
2000年	6,526	2,154	1,141	1,249
2010年	6,448	2,283	1,172	1,018

（「国民所得計算」「日本の100年」より作成）

1　1970年から1990年にかけてのデータを比較すると，各業種ともに新しいデータほど就業者の人数が多くなっている。
2　業種ごとに就業者の増減を比較すると，時期が下るほど就業者が増加し続けている業種はない。
3　最も変動が激しい業種について，最少と最多の時期を比較すると，2.5倍を超える開きがある。
4　就業者の数について，最少と最多の時期の開きが最も小さい業種は，製造業である。
5　就業者の総数は，実質国内総生産の推移によって変動している。

6　次の表は，わが国の自然公園の地域別面積を示したものである。自然公園は国立公園，国定公園及び都道府県立自然公園の3種類がある。またそれぞれ特別地域が定められている。この表からいえることとして正しいものはどれか。

わが国の自然公園の地域別面積

種別	公園数	公園面積(ha)	国土面積に対する比率(%)	内訳			
				特別地域		普通地域	
				面積(ha)	比率(%)	面積(ha)	比率(%)
国立公園	29	2,087,504	5.523	1,504,690	72.1	582,814	27.9
国定公園	56	1,362,065	3.604	1,267,743	93.1	94,322	6.9
都道府県立自然公園	313	1,970,780	5.214	716,531	36.4	1,254,248	63.6
自然公園合計	398	5,420,349	14.341	3,488,964	64.4	1,931,384	35.6

(環境省「自然公園面積総括表」より作成)

1　国立公園の普通地域の面積の，自然公園合計の普通地域の面積に対する割合は28%未満である。
2　国立公園の1公園当たりの面積は，国定公園の1公園当たりの面積の4倍以上である。
3　都道府県立自然公園の特別地域の面積の，国土面積に対する割合は2.6%未満である。
4　国定公園の面積は，都道府県立自然公園の面積の0.6倍未満である。
5　国立公園の1公園当たりの面積は，69,000ha未満である。

7 次の表は，日本における織物の生産の推移を示している。この表から読み取れる内容として妥当なものはどれか。

(単位　百万m²)

	1980年	1990年	2000年	2010年
天然繊維織物・・・・・・・・・	2675	2199	799	161
綿織物・・・・・・・・・・・・	2202	1765	664	124
毛織物・・・・・・・・・・・・	294	335	98	32
絹・絹紡織物・・・・・・・・	152	84	33	4
化学繊維織物・・・・・・・・・	4040	3376	1846	822
再生・半合成繊維織物	882	708	273	92
合成繊維織物・・・・・・・・	3159	2668	1573	730
計×・・・・・・・・・・・・・・・	6737	5587	2645	983

×その他とも。

（経済産業省「生産動態統計」『日本国勢図会2018/19』より作成）

1　化学繊維織物の生産が最も減少している時期は，オイルショックの時期と重なっている。

2　天然繊維織物について，最も古いデータと最も新しいのデータを比較すると，約30分の1に減少している。

3　日本における織物の生産は，全体として減少傾向にあるものの，品目によっては一時的に増加している。

4　織物の生産の合計の推移をみると，2000年から2010年にかけての減少幅が最も大きい。

5　天然繊維織物の減少の要因としては，化学繊維織物の品質の向上によるものが大きい。

8 次の図は，日本の2016年における従業者4人以上の従業者数別事業所数の割合と，それぞれの事業所が占める製造品出荷額等の割合を示したグラフである。ここから読み取れる内容として，最も妥当なものはどれか。

日本の従業者数別事業所数と製造品出荷額等

（二宮書店『2020データブック・オブ・ワールド』より作成）

1 300人以上の事業所による製造品出荷額等の金額は，全体の半分に満たない。

2 従業者4～9人の事業所による製造品出荷額等の金額は，6兆円に満たない。

3 事業所数について比較すると，その割合が最も多いのは事業者数が4～9人の事業所であり，その数は，7万を超えている。

4 事業所数について，20人以上の事業所は，全体の3分の1に満たない。

5 事業所数について，その増加率を比較すると，300人以上の事業所の増加率が最も高く，10％を超えている。

9 次の図は，縦軸が第3次産業人口率，横軸が1人当たり国民総所得（GNI）を表し，各国のそれぞれの値をもとにグラフ上に点で示したものである。この図から読み取れる内容として，最も妥当なものはどれか。

（二宮書店『2020データブック・オブ・ワールド』より作成）

1 第3次産業人口率の差は，イギリス，スウェーデンの間で最大となっている。

2 第3次産業人口率が60％以上，1人当たり国民総所得が20000ドル以下という条件を両方満たすのは，4カ国である。

3 1人当たり国民総所得について比較すると，日本の順位は，フランスに次ぐ7位である。

4 第2次産業人口率が高いほど，第3次産業人口率が高く，1人当たり

国民総所得が低い。

5　1人当たり国民総所得の差は，アメリカと南アフリカの間で最大と
なっている。

○○○解答・解説○○○

☐1 4

解説　1　損害額が最も低く，1件あたりの損害額も最も低いのは「火
入れ」である。　2　「放火」による出火件数は最も多いが，1件あたりの
損害額はおよそ100万円である。　3　平成26年における出火原因として
最も多いのは「放火」であるものの，その他の年については表からは読み
取れない。　4　正しい。損害額が最も高く，1件あたりの損害額も最も
高い項目はいずれも「電灯・電話の配線等」である。　5　損害額が3番目
に高い項目は「たばこ」であるが，1件あたりの損害額が3番目に高い項目
は「配線器具」である。

☐2 3

解説　1　失業者数が最も多い国はアメリカ（9616人）であり，最も少
ない国であるオーストラリアのおよそ13倍である。　2　失業率が最も高
い国はフランスであり，失業者数が最も多い国はアメリカである。
3　正しい。日本の失業者数は2359人であり，韓国の失業者数である937
人のおよそ2.5倍である。　4　表から読み取れるように，失業率が最も低
い国は韓国の3.5％であり，失業者数が最も少ない国はオーストラリアで
その人数は745人である。　5　ドイツはいずれの項目においても4番目に
高い数値となっている。

☐3 3

解説　1．誤り。ロシアに関しては，1980年から2000年にかけて漁獲
量が減少していることが表から読み取れる。　2．誤り。2014年における
ミャンマーの漁獲量は，1960年の漁獲量の11倍程度である。　3．正し
い。いずれの年においてもミャンマーが最も少ない値を示している。　4.
誤り。1980年における中国の漁獲量は，1960年の漁獲量の1.4倍程度であ
る。　5．誤り。2014年においてはインドネシアの漁獲量がアメリカ合衆
国の漁獲量を上回っている。

4 **4**

解説 1. 平成15年の0.9倍であれば数値が81以上になるはずであるが，実際には79.6だから0.9倍未満である。　2. 1事業所当たりの出荷額は［出荷額］÷［事業所数］で求められる。平成15年において出荷額の数値（89.3）を事業所数の数値（77.1）で割ると1.1を超えるが，平成10年は1.1未満。つまり平成15年の1事業所当たりの出荷額は平成10年と比較して増加している。　3. 平成15年の事業所数の数値を80としても，80×1.2＜98.3（平成10年の数値）。よって，1.2倍以上である。　4. 1事業所当たりの従業者数は［従業者数］÷［事業所数］で求められる。平成10年と平成12年では事業所数のグラフと従業者数のグラフの上下が逆になっており，平成12年において，事業所数のグラフは従業者数のグラフより下にある。したがって，平成12年の1事業所当たりの従業者数が平成10年と比較して増加しているのは明らか。　5. 平成7年において出荷額の数値（100）を事業所数の数値（100）で割ると1。一方，平成17年では1.4未満である。つまり，平成17年の1事業所当たりの出荷額は平成7年の1.4倍未満である。

5 **3**

解説 1. 誤り。1970年と1980年を比較すると，製造業の就業者が減少している。　2. 誤り。サービス業と卸売・小売業については，時期が下るほど就業者が増加している。　3. 正しい。最も変動が激しいサービス業について，最少の1970年と最多の2010年を比較すると，2283/906≒2.52倍の開きがある。　4. 誤り。最少と最多の時期の開きは，サービス業が2283－906＝1377〔万人〕，卸売・小売業が1172－873＝299〔万人〕，製造業が1488－1018＝470〔万人〕である。　5. 誤り。実質国内総生産が示されていないので，判断できない。

6 **3**

解説 1. 自然公園合計の普通地域の面積を2,000,000haとしても29％以上である。　2. 国立公園の公園数は国定公園の$\frac{1}{2}$倍より多く，国立公園の面積は国定公園の面積の2倍未満だから，国立公園の1公園当たりの面積は，国定公園の1公園当たりの面積の4倍未満である。　3. 都道府県立自然公園の面積の，国土面積に対する割合は5.214％だから，都道

府県立自然公園の特別地域の面積の，都道府県立自然公園全体の面積に対する割合（36.4％）を40％としても5.214×0.4＜2.6。つまり，都道府県立自然公園の特別地域の面積の，国土面積に対する割合は2.6％未満である。　4. 都道府県立自然公園の面積を2,000,000haとしても国定公園の面積は都道府県立自然公園の面積の0.6倍以上であり，実際の都道府県立自然公園の面積は2,000,000ha未満である。よって，国定公園の面積は，都道府県立自然公園の面積の0.6倍以上である。　5. 国立公園の公園数を30としても国立公園の1公園当たりの面積は，69,000ha以上であり，実際の国立公園の公園数は30未満である。よって，国立公園の1公園当たりの面積は，69,000ha以上である。

7 3

解説　1. 誤り。オイルショックとの関連は，表中から読み取れない。なお，第1次オイルショックは1973年，第2次オイルショックは1979年のことである。　2. 誤り。天然繊維織物について1980年と2010年のデータを比較すると，約16分の1に減少している。　3. 正しい。毛織物について1980年と1990年を比較すると，一時的に増加していることがわかる。4. 誤り。減少幅についてみると，2000年から2010年が1662百万m²であるのに対して，1990年から2000年は2942百万m²である。　5. 誤り。化学繊維の品質については，表中から読み取れない。

8 3

解説　1. 誤り。300人以上の事業所による製造品出荷額等の金額は，全体の52.2％であるから，半分を超えている。　2. 誤り。出荷額は，全体の出荷額に割合をかけることによって求められるので，302.0356〔兆円〕×0.02≒6.041〔兆円〕である。　3. 正しい。まず，グラフより，従業者数別事業所数について最も多いのは4～9人の事業所であり，その割合は37.6％である。また，その数は，全体の事業所数に割合をかけることによって求められるので，191,000×0.376＝71,816である。　4. 誤り。事業所数について，20人以上の事業所は，20～29人が13.3％，30～99人が16.1％，100～299人が5.4％，300人以上が1.8％であるから，合計すると，13.3＋16.1＋5.4＋1.8＝36.6〔％〕となり，全体の3分の1を超えている。5. 誤り。増加率を求めるためには時系列のデータが必要であるが，ここでは1年分のデータが与えられているだけなので，判断できない。

解説 1. 誤り。第3次産業人口率の差については、各国の縦軸の値の差を読み取ることによって求められ、イギリス、スウェーデンの差はわずかである。 2. 誤り。第3次産業人口率が60％以上、1人当たり国民総所得が20000ドル以下という条件を両方満たすのは、南アフリカ、ロシア、メキシコの3カ国である。 3. 誤り。1人当たり国民総所得の順位は9位である。日本より1人当たり国民総所得が大きい国として、アメリカ、スウェーデン、オーストラリア、オランダ、カナダ、ドイツ、イギリス、フランスが挙げられる。 4. 誤り。第2次産業人口率についてのデータは示されておらず、判断できない。 5. 正しい。1人当たり国民総所得の差については、各国の横軸の値の差を読み取ることによって求められ、最大がアメリカ、最少が南アフリカである。

●情報提供のお願い●

　就職活動研究会では，就職活動に関する情報を募集しています。

　エントリーシートやグループディスカッション，面接，筆記試験の内容等について情報をお寄せください。ご応募はメールアドレス（edit@kyodo-s.jp）へお願いいたします。お送りくださいました方々には薄謝をさしあげます。

　ご協力よろしくお願いいたします。

会社別就活ハンドブックシリーズ

富士ソフトの
就活ハンドブック

編　者	就職活動研究会
発　行	令和6年2月25日
発行者	小貫輝雄
発行所	協同出版株式会社

〒101-0054
東京都千代田区神田錦町2-5
電話　03-3295-1341
振替　東京00190-4-94061

印刷所　協同出版・POD工場

落丁・乱丁はお取り替えいたします

●2025年度版●
会社別就活ハンドブックシリーズ
【全111点】

運　輸

東日本旅客鉄道の就活ハンドブック	小田急電鉄の就活ハンドブック
東海旅客鉄道の就活ハンドブック	阪急阪神 HD の就活ハンドブック
西日本旅客鉄道の就活ハンドブック	商船三井の就活ハンドブック
東京地下鉄の就活ハンドブック	日本郵船の就活ハンドブック

機　械

三菱重工業の就活ハンドブック	浜松ホトニクスの就活ハンドブック
川崎重工業の就活ハンドブック	村田製作所の就活ハンドブック
IHI の就活ハンドブック	クボタの就活ハンドブック
島津製作所の就活ハンドブック	

金　融

三菱 UFJ 銀行の就活ハンドブック	野村證券の就活ハンドブック
三菱 UFJ 信託銀行の就活ハンドブック	りそなグループの就活ハンドブック
みずほ FG の就活ハンドブック	ふくおか FG の就活ハンドブック
三井住友銀行の就活ハンドブック	日本政策投資銀行の就活ハンドブック
三井住友信託銀行の就活ハンドブック	

建設・不動産

三菱地所の就活ハンドブック	鹿島建設の就活ハンドブック
三井不動産の就活ハンドブック	大成建設の就活ハンドブック
積水ハウスの就活ハンドブック	清水建設の就活ハンドブック
大和ハウス工業の就活ハンドブック	

資源・素材

旭旭化成グループの就活ハンドブック	関西電力の就活ハンドブック
東レの就活ハンドブック	日本製鉄の就活ハンドブック
ワコールの就活ハンドブック	中部電力の就活ハンドブック

九州電力の就活ハンドブック

自動車

トヨタ自動車の就活ハンドブック | デンソーの就活ハンドブック

本田技研工業の就活ハンドブック | 日産自動車の就活ハンドブック

商　社

三菱商事の就活ハンドブック | 伊藤忠商事の就活ハンドブック

住友商事の就活ハンドブック | 双日の就活ハンドブック

丸紅の就活ハンドブック | 豊田通商の就活ハンドブック

三井物産の就活ハンドブック

情報通信・IT

NTT データの就活ハンドブック | サイバーエージェントの就活ハンドブック

NTT ドコモの就活ハンドブック | LINE ヤフーの就活ハンドブック

野村総合研究所の就活ハンドブック | SCSK の就活ハンドブック

日本電信電話の就活ハンドブック | 富士ソフトの就活ハンドブック

KDDI の就活ハンドブック | 日本オラクルの就活ハンドブック

ソフトバンクの就活ハンドブック | GMO インターネットグループ

楽天の就活ハンドブック | オービックの就活ハンドブック

mixi の就活ハンドブック | DTS の就活ハンドブック

グリーの就活ハンドブック | TIS の就活ハンドブック

食品・飲料

サントリー HD の就活ハンドブック | 日本たばこ産業 の就活ハンドブック

味の素の就活ハンドブック | 日清食品グループの就活ハンドブック

キリン HD の就活ハンドブック | 山崎製パンの就活ハンドブック

アサヒグループ HD の就活ハンドブック | キユーピーの就活ハンドブック

生活用品

資生堂の就活ハンドブック | 武田薬品工業の就活ハンドブック

花王の就活ハンドブック

電気機器

三菱電機の就活ハンドブック

ダイキン工業の就活ハンドブック

ソニーの就活ハンドブック

日立製作所の就活ハンドブック

ＮＥＣの就活ハンドブック

富士フイルム HD の就活ハンドブック

パナソニックの就活ハンドブック

富士通の就活ハンドブック

キヤノンの就活ハンドブック

京セラの就活ハンドブック

オムロンの就活ハンドブック

キーエンスの就活ハンドブック

保　険

東京海上日動火災保険の就活ハンドブック

第一生命ホールディングスの就活ハンドブック

三井住友海上火災保険の就活ハンドブック

損保ジャパンの就活ハンドブック

メディア

日本印刷の就活ハンドブック

博報堂 DY の就活ハンドブック

TOPPAN ホールディングスの就活ハンドブック

エイベックスの就活ハンドブック

東宝の就活ハンドブック

流通・小売

ニトリ HD の就活ハンドブック

イオンの就活ハンドブック

ZOZO の就活ハンドブック

エンタメ・レジャー

オリエンタルランドの就活ハンドブック

アシックスの就活ハンドブック

バンダイナムコ HD の就活ハンドブック

コナミグループの就活ハンドブック

スクウェア・エニックス HD の就活ハンドブック

任天堂の就活ハンドブック

カプコンの就活ハンドブック

セガサミー HD の就活ハンドブック

タカラトミーの就活ハンドブック

▼会社別就活ハンドブックシリーズにつきましては，協同出版
のホームページからもご注文ができます。詳細は下記のサイ
トでご確認下さい。

https://kyodo-s.jp/examination_company